BUENOS MODALES PARA NIÑOS

Normas básicas de comportamiento y urbanidad
para el mundo de hoy

Marisela Guevara

 Alfaomega

Buenos modales para niños
Normas básicas de comportamiento
y urbanidad para el mundo de hoy
Marisela Guevara

ISBN 980-6423-68-2, edición original publicada por
© **Editorial C.E.C., S.A.**
Caracas, Venezuela

Los Libros de El Nacional es una marca registrada
de Editorial C.E.C., S.A.

El logotipo de **Los Libros de El Nacional** tiene
derechos reservados por Editorial C.E.C., S.A.

© **2001 ALFAOMEGA GRUPO EDITOR, S. A. de C. V.**
Pitágoras 1139, Col. Del Valle, 03100 México, D.F.

Miembro de la Cámara Nacional de la Industria Editorial Mexicana
Registro No. 2317

Internet: **http://www.alfaomega.com.mx**
Correo electrónico: **ventas1@alfaomega.com.mx**

ISBN 970-15-0741-X

A mis padres, Héctor y Teba.
A mis hermanas, Milagros y Sandra.
Y a mi hijo, Juan Manuel.

Contenido

LA FORMACIÓN INTEGRAL DEL NIÑO

LA ESCUELA

EL NIÑO Y SU CIUDAD

LOS NIÑOS Y LAS CELEBRACIONES

Moverse en libertad dentro de las normas

Es difícil que una persona adulta sepa comportarse correctamente ante los demás con naturalidad si desde su infancia no fue educada en las normas de la cortesía y el buen gusto

Cuando a los adultos les da por hablar de los niños, suelen repetir frases como "los niños son el futuro", "los niños son el porvenir". Muchas veces, al decir esto, se crea la idea de que ese futuro es un tiempo diferido, que ese mañana aún está por llegar. Paradójicamente, el futuro de los pequeños pasa ante nuestros ojos en presente.

Buenos modales para niños ha sido escrito pensando en enriquecer ese presente, mostrando a los adultos una manera de caminar junto a ellos hacia su realización como personas civilizadas. Los temas son expuestos en un estilo directo y sencillo, haciendo énfasis en el sentido utilitario del libro. Nuestra intención es ofrecer una verdadera guía práctica acerca de cómo inculcar hábitos sanos y maneras amables en los pequeños.

Es difícil que una persona adulta sepa comportarse correctamente ante los demás con naturalidad si desde su infancia no fue educada en las normas de la cortesía y el buen gusto. Desde luego que siempre hay tiempo para aprender buenos modales, pero lo ideal es empezar en la niñez, de modo que formen parte del desarrollo personal.

En otras palabras, la *buena educación* tiene que ir más allá de lo puramente normativo; debe ser entendida como una forma de propiciar y fortalecer el equilibrio interior de los niños.

Resta decir que no tiene sentido enseñar modales sólo por no pasar apuros frente a otras personas. Los modales tienen que ser más que con la apariencia, deben construirse sobre valores e ideales y, naturalmente, a partir del buen ejemplo de quienes se ocupan de inculcarlos. Sólo así, el niño puede llegar a convertir las normas en parte de sus convicciones personales, en gestos que emanen de una motivación interna. De ahí la recomendación de dejar a los niños *moverse en libertad dentro de normas.*

Finalmente, quiero dedicar este libro a aquellas personas que simpatizan con los niños y que disfrutan de su compañía ya sea cotidianamente o de modo eventual.

Marisela Guevara

La vida se desarrolla más allá del ámbito familiar, así que los niños tienen que prepararse para ser personas equilibradas y bien dispuestas para la vida social. Y esto sólo se consigue educándolos.

Sin embargo, determinar la manera más adecuada de educar a los niños es un tema difícil. Tal es así que entre los expertos en asuntos infantiles no hay acuerdo acerca de cuál modelo educativo causó más estragos: el de los años 50, cargado de un fuerte tono represivo; o el de los 70, con sus emblemas de permisividad total.

En lo que sí coinciden las tendencias más recientes es en que deben existir límites claros dentro de un margen de tolerancia y libertad.

La idea se sustenta en que los niños necesitan de cierto rigor y estabilidad durante su formación para luego tener libertad de elegir con más firmeza y seguridad en su vida futura. Y, si se les orienta adecuadamente, poco a poco adquirirán conciencia de la responsabilidad que pueden acarrearles sus decisiones. Este es el sentido de la frase *moverse en libertad dentro de normas.*

✳

La regularidad es importante para desarrollar el sentido del tiempo
No es recomendable que los niños crezcan en medio de horarios desordenados y alteraciones constantes de ruti-

nas, pues en general la única novedad que ellos aprecian y reciben con agrado son los obsequios.

Por otra parte, si aprenden a manejarse dentro de ciertas rutinas, comprenderán mejor que tanto su vida como la de los adultos están regidas por pautas de tiempo que hay que respetar.

✳

El niño que sabe lo que tiene que hacer se sentirá más seguro y confiado

Los buenos modales le indican al niño qué hacer frente a determinadas circunstancias, favoreciendo el desarrollo de la confianza en sí mismo. Esa sensación de seguridad se reflejará en la relación con sus semejantes y lo ayudará a alcanzar la serenidad.

✳

El niño se sentirá mejor en la medida en que encuentre fuerza dentro de sí mismo

Los buenos modales ayudan a templar el carácter y a estar bien consigo mismo. Si le han sido inculcados adecuadamente, el niño encontrará en ellos la fuerza interior necesaria para afrontar situaciones más exigentes cuando sea adulto.

✳

No aspire a la perfección

No espere convertir a su hijo en un niño modelo, tan acartonado que raye en lo ridículo. Tampoco permita que se transforme en un pequeño salvaje, evocador de las hordas bárbaras. Recuerde que los niños son el espejo de quien los educa.

✳

Integre modales, valores y autoestima

Enseñe conjuntamente modales y valores, pues ambos se complementan entre sí. Si un niño ha aprendido sólo modales correctos, sin soporte en los valores, la menor dificultad será suficiente para que se caiga todo el parapeto. A la primera desavenencia mostrará sus debilidades de carácter y mandará de paseo a su buena educación.

❋

Rescate con su ejemplo la transmisión de valores como la amistad, la justicia, la solidaridad, la valentía, la generosidad, la integridad, la lealtad, la honestidad y otros que fortalezcan y ayuden al niño a construir su carácter y a tener coraje interior para enfrentar las dificultades de la vida.

❋

Desarrolle la autoestima del niño exigiéndole progresivamente esfuerzos adecuados a su edad y que no sobrepasen su capacidad, como ordenar su habitación o mejorar una nota en el colegio. La autoestima se fortalece cuando los logros alcanzados nos hacen sentir capaces de alcanzar nuevas metas.

❋

A los adolescentes muéstreles que aspirar a una mayor autonomía implica también una mayor responsabilidad.

❋

Recuerde que en principio los modales son normas, reglas que se imponen desde fuera. Luego, cuando el niño desarrolla plenamente su conciencia, pasan a ser parte de sus motivaciones internas, se convierten en convicciones. Así, ya no hará bien las cosas porque lo estén viendo, sino porque sentirá deseos de hacerlas bien.

Hábitos o modales ¿cuáles van primero?

El niño a quien se le proyecta una vida regular y se le fomentan costumbres saludables tendrá mayores probabilidades de asimilar buenos modales. Por eso la adquisición de hábitos debe ser cuidadosamente vigilada y orientada por los padres. Los hábitos más básicos, y también esenciales, son:

- comidas balanceadas y a horas fijas
- dormir lo suficiente y a horas adecuadas
- cuidado del aseo y la apariencia personal
- desarrollo de actividades al aire libre
- cuidado del orden y la limpieza de la habitación.

Principios que deben tenerse siempre presentes

No hablar al niño de modales mientras se le da licencia para todo

No tiene sentido indicarle a un niño de qué manera debe comportarse y luego dejarlo por su cuenta, como si la buena educación se tratara de una mera formalidad.

El niño debe percibir una correspondencia entre los hechos y las palabras. Si se le exige que se acoja a ciertas normas, es necesario que entienda que el incumplimiento de las mismas le acarreará sanciones.

Evitar el desorden o la anarquía en los actos cotidianos

Exigir conductas apropiadas pasa por establecer un ambiente de orden y ecuanimidad en el que el niño perciba que las rutinas, las tareas del hogar, las reuniones familiares, los descansos, forman parte de un todo armonioso y que para cada uno hay un momento apropiado.

Ser flexibles en la aplicación de las normas
Sea razonable tanto en las conductas que le exige al niño como en el modo en que espera que se cumplan. No le exija cosas que su edad y capacidad le impiden realizar, como responsabilizar por la alimentación de un bebé a un niño de 5 años.

❃

Los horarios cumplidos con regularidad benefician
a todos los miembros del hogar
Esta regla ahorra tiempo a los padres y a quienes los apoyan en la atención de sus hijos. Un niño cuya vida esté regida por un plan diseñado a conciencia estará, por lo general, dispuesto para el baño, las comidas o a ir a la cama, en el momento indicado.

❃

El régimen de vida de los niños debe considerar el bienestar
de quienes los rodean
Si bien los niños requieren de atención especial, no es ponderado que la vida de los adultos dependa totalmente de la comodidad de los niños. Es conveniente entonces planificar el régimen de cuidados que se les brindan. En la página 18 encontrará un ejemplo de cómo lograr esto.

❃

Establecer desde los primeros años una disciplina razonable en la adquisición de hábitos, dentro de un ambiente de estabilidad, es la vía ideal para crear la base sobre la cual se apoyará posteriormente la enseñanza de los buenos modales.

❃

La autoridad y el cariño de quien educa al niño son determinantes en igual grado para inculcar los buenos modales.

LOS HÁBITOS SE ADQUIEREN, NO SE HEREDAN
¡Y cuánto tiempo y molestias nos ahorran
una vez adquiridos!

Una vez establecidos, los hábitos no se olvidan jamás

Los niños aprenden, por repetidos intentos, a desabrocharse y abrocharse la ropa, ponerse el abrigo, atar sus zapatos, emplear los cubiertos para comer. La dificultad inicial va cediendo poco a poco, hasta que el niño se habitúa a estas actividades y logra realizarlas como algo "natural", sin ningún esfuerzo consciente.

A los adultos les corresponde la responsabilidad de guiar este primer aprendizaje, pues los hábitos adquiridos por un niño a temprana edad marcarán su vida para siempre.

✳

Enseñar buenos modales es educar para el buen gusto

Inculcar buenos hábitos ayuda al cultivo de los sentimientos de decencia y dignidad. Un niño que aprende a valorar y apreciar su cuerpo, su apariencia, su intimidad y sus costumbres terminará por asumir los buenos modales como algo que forma parte de él. Así, a lo largo de su vida tenderá a actuar conforme al gusto por la buena educación, y al mismo tiempo rechazará las cosas que choquen con aquélla.

Disfrutar de las sábanas limpias, la frescura del baño, la boca perfumada o de un breve cuento al momento de irnos a la cama, apreciar una conversación sosegada y edificante, son cosas que se aprenden en el hogar. De la misma manera aprendemos a tomar aversión a los trajes sucios, las medias rotas o la cama desaliñada.

¿Cómo formar hábitos en los niños?

Cualquier cosa que tiene prisa tendrá prisa en vano.

Fernando Pessoa

La adquisición de los hábitos que queremos formar debe estar asociada a la alegría y la gratificación. Pero un niño no puede crecer sin la demarcación de regla alguna.

Por lo general, si bien la rigidez excesiva puede ser fuente de rebeldía, la ausencia de reglas lleva a la confusión, contribuyendo al malestar y a la inseguridad de no saber cómo manejarse en determinadas situaciones. Así, por ejemplo:

– Para alimentar a un niño no sólo hay que fijar un horario regular para las comidas. También hay que saber dosificar las raciones y procurar un equilibrio entre las cosas que le gustan y las que necesita.

– Para bañarlo no debemos meterlo a empujones a la ducha y apurarlo como si se tratara de una carrera contra el tiempo. Pero así como tiene libertad de jugar mientras se baña, debe saber cuándo y cómo asearse adecuadamente y cuándo salir del baño.

– Al momento de dormir, además de fijar una hora determinada y ciertas rutinas previas, hay que acompañarlo un rato y procurarle el sosiego necesario para que descanse sin interrupción.

❋

Las rutinas refuerzan el sentido de la disciplina

Los hábitos deben establecerse de manera rigurosa y procurando conectarlos unos con otros a fin de compaginar rutinas. Para ello es básico diseñar horarios y asegurar su cumplimiento. Esto contribuye a afianzar un sentido de la disciplina que será útil desde el kinder, hasta niveles más evolucionados como la escuela, el liceo, la universidad y los lugares de trabajo.

El momento de ir a la cama ilustra cómo se integran en una misma rutina hábitos de horario, higiene, orden y cortesía. Previamente el niño alista los útiles que deberá llevar a la escuela, se cepilla los dientes, se pone el pijama, da las buenas noches a todos y se mete a la cama a una hora fija.

✳

La prisa está contraindicada

No se educa a un niño de una día para otro, no se forman principios y valores a la carrera. Es importante remarcar esto, pues se debe partir de la idea de que para hacer las cosas bien es necesario algo de tiempo para meditarlas. No en balde, las corrientes que reflexionan sobre el estilo de vida actual proponen la *desaceleración*.

La educación y la formación de un niño, el esfuerzo por convertirlo en una *persona*, constituyen un proceso que lleva años. Los infantes necesitan tiempo y comprensión de parte de los adultos para asimilar los fundamentos de su vida, para consolidar su desarrollo interior y su personalidad.

✳

Elija hacer menos cosas, a cambio de hacerlas cabalmente. Piense que la existencia no se llena con saturación de elementos, sino que se enriquece con lo que podamos ofrecer a otros.

Evite vivir en una carrera contra el tiempo, trate de establecer qué es lo verdaderamente prioritario en su vida y trace sus planes en función de ello. Esto le permitirá apreciar que el tiempo que realmente pueda dedicar a sus hijos es sólo una parte. Lo ideal, entonces, es lograr un equilibrio entre la cantidad y la calidad de ese tiempo.

Como toda relación humana, la crianza de un niño es una aventura afectiva de alto riesgo, de alocada generosidad y de inevitable trascendencia, para bien o para mal.

¿PARA QUÉ SIRVE UN PLAN DE ACTIVIDADES?

Fundamentalmente un plan sirve para equilibrar las actividades del niño, acoplándolas al funcionamiento normal de la casa. Así se logrará facilitar la vida de quienes conforman el hogar. El plan de actividades del niño se proyecta considerando con equidad las necesidades de los miembros de la familia, ya que todos necesitan tiempo para realizar sus propias tareas o descansar.

La idea central de este plan es lograr la distribución organizada de las actividades del niño, ponderando el tiempo y las necesidades de quienes le rodean: padres, hermanos, abuelos o la persona que lo atiende. Así se pueden atender sus necesidades sin descuidar a los demás miembros de la familia.

En la página 104 encontrará "el disco de la vida", una hermosa y práctica herramienta para programar el tiempo de los niños.

¿QUÉ HACER CUANDO NO HEMOS CREADO HÁBITOS Y LOS NIÑOS YA ESTÁN ALGO CRECIDITOS?

La autoridad se impone a través de la razón y no de la fuerza bruta. No es imposible poner orden en una casa donde las reglas no han estado claras o simplemente no existían, pero se requiere del esfuerzo y consenso de todo el grupo familiar. Quien se proponga esta tarea tiene que seducir a los suyos, enamorarlos de la gratificación que proporcionará ese cambio de hábitos y premiar las actitudes de cambio a medida que vayan integrándose a la vida.

Tenga en cuenta que no puede dar cabida a la improvisación:

- Haga un diagnóstico de los cambios más urgentes.
- No pretenda muchos cambios a la vez.
- Empiece por algo sencillo (por ejemplo, establecer la hora de acostarse).
- Una vez alcanzado el primer logro, proponga la participación de todos en la elaboración de un plan de reglas.
- El plan de reglas deberá ser lo más general posible y referirse a pocos aspectos
- Ponga en práctica el viejo sistema de recompensas y multas. Consiste en premiar cuando se cumple con el plan o deducir de la recompensa cuando haya faltas.
- Espere cambios graduales.

La primera persona convencida de que ningún proyecto satisfactorio se logra con apuro e inmediatez debe ser usted.

Modales desde pequeñitos

*El trabajo más duro que enfrentan los niños de hoy
es aprender buenos modales sin verlos.*

Fred Astaire

¿Cuándo comenzar a inculcar modales a los niños?

Cuanto más temprano mejor, aunque nunca es demasiado tarde para enseñar y corregir modales. Sin embargo, es recomendable madurar antes de hacerse un octogenario. Si la niñera es la televisión, lo más probable es que los pequeños adquieran costumbres reñidas con las nociones más elementales de educación, por eso hay que dosificar el número de horas y orientar la programación que van a ver los niños.

Quienes se hacen cargo de la educación del niño deben establecer desde el comienzo la observancia de las siguientes reglas fundamentales:

1. Escuchar y responder adecuadamente cuando alguien le dirige la palabra.
2. Ser considerado en su trato con los adultos y otros niños.
3. Aprender a ser cortés y guardar respeto a los mayores.
4. Ser amable con las personas que lo cuidan.
5. Respetar y cuidar el orden de la casa.
6. Respetar el espacio y los bienes de los demás.
7. Conocer y practicar los modales correctos en la mesa.

Estas siete normas son la base para relacionarse con el resto de las personas y ellas componen el soporte educativo indispensable para su vida presente y futura.

❋

La persona que quiera ocuparse responsablemente de la educación y formación de un niño deberá tener en cuenta las siguientes premisas:

Paciencia y dedicación son la clave

Nunca será suficiente recalcar que la paciencia y la dedicación son los remos que nos permiten maniobrar en el mar de la enseñanza. Recuerde que educar no termina cuando el niño demuestra que puede recordar y seguir las normas que le han sido inculcadas.

Hay que repasar de vez en cuando el aprendizaje inicial

Es posible que luego de un tiempo reaparezcan hábitos que usted creyó superados; no se dé por vencido, insista en corregirlos. No se desanime pensando que tiene que empezar todo de nuevo, al contrario, tómese tiempo para un "repaso" con su hijo. De esta manera reforzará en el niño el aprendizaje inicial.

Hay que adaptarse a la edad y los intereses del niño

A lo largo de su crecimiento, los intereses y las necesidades del niño lógicamente van cambiando. No es igual atender a un niño pequeño que tratar de entenderse con un adolescente.

Así, por ejemplo, al niño en edad escolar, que se inicia en la socialización, le son más útiles los consejos de cómo manejar las fórmulas de cortesía, mientras que al adolescente le conviene más una clara orientación acerca de cómo cuidarse en la calle.

El ejemplo de los adultos es imprescindible

Junto a la paciencia y el esmero está el ejemplo de los adultos. Recuerde que para el niño usted es la referencia central. Sin embargo, como nadie es perfecto y todos atravesamos situaciones difíciles, hay que saber que en ciertas circunstancias lo mejor es evitar que los niños estén presentes.

Si usted llega malhumorado del trabajo y descarga su incomodidad sobre la empleada de la casa, ¿cómo exigirle luego al pequeño que sea considerado con la persona que lo atiende?

El niño no debe convertirse en el centro de todo

Es muy importante tener claro que no podemos compartir con los niños todos los momentos de nuestra vida. En primer lugar, por aquello de que algunas cosas son "sólo para los mayores". Hay conductas adultas que el niño no puede analizar y comprender, pero que igual tenderá a imitar. Y siempre es más difícil hacerle entender que algo que nos ve hacer con total libertad a él no le está permitido.

En segundo lugar, el niño no puede terminar por acaparar la atención de todos todo el tiempo. No haga alharacas cada vez que tumbe o quiebre algo. Tampoco lo acostumbre a que siempre se le puede atender de inmediato, desde el primer momento debe aprender a esperar.

¿Cuánto tiempo tardamos en inculcar buenos modales a los niños?

Hablar y no gritar, razonar y no imponer

Inculcar buenos modales se lleva todo el tiempo que dure la crianza. Siempre habrá momentos en que el niño necesite refuerzos, así como períodos más holgados para quienes llevan esta tarea. Lo más importante es ser constantes y firmes, teniendo presente que:

- No hay que ser un perseguidor.
- Las normas repetidas en exceso pierden su efectividad.
- Las normas impuestas sin convicción no son acatadas.
- No permita que las situaciones se escapen de ciertos límites.
- Los límites los establece usted, no el niño.
- Hay que equilibrar, dosificar. Hablar más que gritar, razonar más que imponer.

❋

Los niños próximos a la adolescencia tienden a rechazar ciertos patrones de conducta, incluso aquellos que habían internalizado desde pequeños. Es probable que quieran lucir desaliñados, desincorporar el baño diario de sus hábitos, o seguir modas que resulten estridentes o chocantes para los adultos. ¿Y entonces qué hacer? Lo primero es entender que tal actitud no es definitiva en su vida, sino que forma parte de una etapa de transición en la que ellos están tratando de asumir sus propias convicciones.

Por tratarse de un período especial, le hemos dedicado al tema un capítulo aparte al final de este libro.

EL SALUDO

El saludo es algo fundamental en la vida social, tanto por ser una fórmula de cortesía que facilita la relación con los demás, como por tratarse del primer indicio de la educación que una persona ha recibido.

Las costumbres tradicionales señalaban que los niños debían retirar el sombrero para saludar a los mayores. Por su parte, las niñas debían hacer una pequeña reverencia poniendo la pierna derecha detrás de la izquierda y doblando la rodilla a la vez que se inclinaban ligeramente. *Hoy esto ya no se usa.* Aunque le parezcan gestos graciosos, no los enseñe a sus niños, salvo como una anécdota del pasado.

Un juego muy serio

Enseñar a saludar puede ser muy fácil y estimulante si se propone como un juego que el adulto va practicando con el niño en diversas ocasiones, preparándolo poco a poco para esos gestos iniciales de socialización formal.

Tenga presentes los siguientes consejos:

- Salude al niño mirándolo a los ojos.
- Háblele claramente.
- Use los distintos tratamientos: señor, señorita y enséñele a diferenciarlos.
- Sea cariñoso, pero evite usar un tono de voz relamido o afectado para hablarle.

- Cuide sus propios ademanes, pues los niños imitan lo que ven.
- Desde muy temprano enséñele a formular el saludo diciendo: *hola.*
- Enséñele a responder: *bien, gracias,* cuando le pregunten cómo está.
- Enséñele a decir con voz clara su nombre cuando se lo pregunten.
- Enséñele a distinguir a quiénes puede tutear y a quiénes no.

❉

Está de más exigirle al niño que se aprenda dos nombres y dos apellidos para recitarlos cuando le pregunten cómo se llama. No lo obligue a besar a otros si no quiere, pero enséñele la importancia de responder correctamente cuando se dirigen a él.

Si el niño tiene un carácter desenvuelto y extrovertido, sugiérale que obsequie una sonrisa, pero no insista en hacerle representar un sainete para que muestre todas las gracias que ha aprendido. Usted tiene todo el derecho a pensar que su hijo es excepcional, pero no trate de imponer esta convicción personal a otros

❉

Con respecto al tuteo, éste depende en primer lugar de la edad de la gente a la que se trata. Con el paso del tiempo el niño aprenderá a diferenciar por sí mismo a las personas que puede tutear de las que no. Mientras tanto hay que indicarle quiénes merecen ser tratados de *usted*:

- En principio, todas las personas mayores.
- Las personas desconocidas en general.

- Aquellas con las que se establece un trato estrictamente formal, como funcionarios públicos, empleados de oficinas o tiendas, choferes, operadores del metro.
- Las figuras de autoridad, tanto civiles como religiosas: maestros y profesores, sacerdotes, policías.

En el seno de muchas familias se estila que los niños traten de *usted* a sus padres, tíos y abuelos como señal de respeto. Si usted fue formado en esa tradición y desea mantenerla, eduque a su hijo en este sentido, pero tenga en cuenta que con el paso del tiempo, y de manera natural, la edad y el grado de confianza o intimidad entre los parientes son los que pautan el uso del tuteo.

Enseñe a su hijo que el hecho de que pueda tutear a otra persona, aunque sea de su edad, no lo exime de mostrarle respeto y consideración.

LA MESA[*]

En la mesa se pone de manifiesto todo cuanto hemos aprendido acerca de los buenos modales. Necesitamos saber cómo abordar una conversación, cómo servirnos y manejar los cubiertos, cómo sentarnos, qué hacer si debemos retirarnos. Cuando una persona se sienta a la mesa y muestra modales torpes o forzados, la primera idea que viene a la mente de todos es que no fue debidamente educada en su infancia. De manera que todo niño debe aprender a comer correctamente, pues cuando sea adulto la mesa será una evidencia inocultable de su educación.

Tenga cuidado: no hay momento menos apropiado para dar o recibir lecciones de buenos modales que cuando hay invitados en casa.

Por eso nunca será suficiente insistir en que cada día el niño debe recibir el entrenamiento adecuado para comer correctamente. Si sus actividades no le permiten ser tutor directo de esta enseñanza, entonces deberá transmitirle a la persona que se encarga del niño las instrucciones básicas que éste deberá aprender.

❈

---

* Nota del editor: Como un importante y útil complemento de este tema, recomendamos consultar el libro *Buenos modales. Nueva guía de comportamiento, etiqueta y urbanidad*, de la misma autora, publicado por Alfaomega.

Los niños pequeños requieren de una cuidadosa atención mientras aprenden a comportarse en la mesa. Concédales una consideración especial y cerciórese de que el asiento que usan sea adecuado y les permita relacionarse cómodamente con la mesa atendiendo a su escala. Incorpórelos a la mesa de los adultos cuando hayan asimilado las pautas básicas.

Lo que todos los niños deben aprender y poner en práctica en la mesa

Cuando los niños se sientan a comer deben tener buen aspecto, manos limpias y una correcta postura: la espalda recta, evitando reclinarse en el respaldo de la silla o echarse hacia adelante.

✸

El cuerpo no debe tocar la mesa ni estar tan lejos del borde como para tener que estirarse al tomar los alimentos. Según la talla del niño, la distancia debería ser de 5, 10 o hasta 15 centímetros. Puede bastar con que el niño tome distancia poniendo su mano entre su cuerpo y la mesa en sentido paralelo al borde de ésta.

✸

Los codos deben mantenerse pegados al cuerpo. Apoyar los antebrazos en el borde de la mesa no sólo es correcto, sino que ayuda a una postura relajada.

✸

Durante los intervalos entre un plato y otro, pueden reposar las manos sobre los muslos, pero nunca deberá mantener una mano oculta mientras usa la otra para comer.

✸

Los pies deberán estar juntos apoyados en el piso, no entrecruzados. Nunca deberá apoyarlos en los travesaños de la silla. Tampoco se sentará sobre una de sus piernas cruzada. Si el niño todavía no alcanza el piso procure poner algún cojín adicional sobre la silla para evitar que sus pies queden colgando como péndulos.

❋

Para cultivar el estilo y la moderación
Esperar a que los mayores, o la persona que preside la mesa, empiecen a comer antes de probar la comida.

❋

Además de saber manejar los cubiertos con propiedad, los niños deben aprender a no comer ni muy de prisa ni muy despacio. Tampoco deberán comer a grandes bocados.

❋

Lo indicado es que un niño se sirva por sí solo aquellos alimentos que están más próximos. Para ello usará el utensilio indicado, nunca su propio cubierto.

❋

Para servirse acercará su plato a la fuente manteniéndolo en alto mientras toma los alimentos y los coloca sobre el fondo sin dejarlos caer. Nunca tomará los alimentos arrastrándolos por el borde de la fuente, ni arrimará su plato para llevarlo de su puesto a la fuente y viceversa.

❋

Si no alcanza alguna fuente deberá solicitar ayuda cortésmente, procurando no levantarse y pasar el plato por encima de los otros comensales o invadir la mesa con su cuerpo.

❋

Al servirse no debe demorarse buscando lo mejor, como tampoco debe escarbar seleccionando entre los alimentos dejándolos desparramados.

❋

Nunca deberá probar ninguna bebida mientras mantenga un bocado en la boca.

❋

No se deben señalar los alimentos o utensilios solicitados con los cubiertos en la mano.

❋

No se debe empujar el plato una vez que se termine de comer.

❋

Recuerde que la enseñanza de estas normas debe ser hecha en forma agradable y cómoda. También es muy importante procurarles tranquilidad a los niños y ayudarles a estar cómodos durante la comida.

❋

La conversación en la mesa
La conseja de que en la mesa no se habla es cosa del pasado, pues se trata de un momento ideal para compartir en familia y comentar las actividades que cada uno ha cumplido durante el día.

Los niños no pueden quedar relegados, como tampoco ser el centro y los directores de la conversación en la mesa. Menos aún si hay invitados en la casa.

La conversación en la mesa tiene sus reglas, el niño debe aprender, como mínimo, las siguientes pautas:

* usar un tono de voz suave
* mantener una postura correcta pero reposada mientras escucha a los otros
* dar precedencia a los mayores en el inicio de la conversación
* reírse discretamente, sin carcajadas ni gritos
* evitar toda gesticulación exagerada
* no señalar a las personas con los cubiertos
* no hablar mientras se sostiene un trozo de comida en el cubierto
* plantear temas agradables y que puedan ser seguidos por todos
* no hablar con la boca llena, ni mientras bebe o se lleva el cubierto a la boca
* excusarse y anunciar si debe levantarse de la mesa.

La mesa como expresión de orden

Para que el encuentro en torno a la mesa tenga fluidez, debe haber orden, expresado no sólo por la jerarquía, sino por los gestos e inflexiones de voz de los mayores, que van modelando y enseñando a los niños la templanza, moderación y respeto. En la mesa sobran los gritos y las discusiones.

✳

Lo que el niño no debe hacer

Los caprichos y la utilización de objetos y cubiertos para hacer gracias y ruidos mantienen en ascuas a los comensales y plantean el peligro de volcar líquidos, romper copas o desparramar comidas, creando una constante perturbación en el hilo de cualquier conversación. Para evitar esto, aclare desde el principio que las siguientes son faltas intolerables:

- "sorber" los espaguetis
- hacer ruidos al sorber o masticar
- soplar la sopa o batirla con la cuchara para enfriarla
- llenar demasiado la cuchara o el tenedor
- llevarse la comida a la boca con el cuchillo
- tomarse una misma cucharada por sorbos
- golpear el fondo del plato con los cubiertos
- tomar la jarra por cualquier parte distinta del asa
- tomar los vasos o las copas por el borde
- hablar con la boca llena
- limpiarse las manos con el mantel
- quitarle la comida a su vecino de mesa
- pellizcar el pan u otros alimentos y luego no probarlos
- llenarse la boca con trozos de pan o bocados que luego no pueda masticar
- introducir el pan en líquidos o en las comidas
- limpiar el plato con miga de pan
- levantarse de la mesa intempestivamente o sin anunciarlo previamente.

Otras pautas de rigor son las siguientes:

– Hay que enseñar a no tomar la comida con las manos y no poner los codos sobre la mesa.

– Se le debe corregir cuando diga *el amarillo* y *el blanco* del huevo en lugar de la yema y la clara.

– En cuanto a las preferencias no hay que hacer de ello un tema demasiado relevante. Si a un niño le disgusta una comida no hay que imponérsela, pero tampoco aceptarle todos sus caprichos.

– Para que el niño no lleve grandes trozos de pan a la boca se le cortará en pequeñas tiritas mientras sea muy pequeño todavía. Luego debe adiestrársele para cortar trocitos con las manos.

Los modales en la mesa

La sopa

Enséñele al niño que beberá la sopa sin producir ruidos y sin inclinar el plato para terminar el resto de la misma.

Cuando la sopa se sirve en tazas se puede beber como el té, o tomarse usando cuchara.

La cuchara se lleva a la boca de costado nunca de frente. Se toma siempre con la derecha. Debe ser manejada usando los dedos para asirla por el extremo, sin empuñarla. La cuchara nunca debe quedar dentro de la taza, sino en el platillo

Corrija al niño cuando diga *la sopa y el seco* para referirse a la entrada y el plato principal.

La carne

La carne no se tomará con los dedos. Debe ser masticada despacio y evitar tragarla de un solo golpe. Si ofrece alguna dificultad, se tronchará y preparará convenientemente.

Los cubiertos

Enseñe a los niños a reconocer los distintos tipos de cubiertos, los cuales serán usados en la misma forma en que lo hacen los mayores. Las pautas básicas son:

- Usar cada cubierto sólo para la función que le es propia.

- No empuñarlos.
- No tomarlos como se toma un lápiz.
- No levantar el meñique al usarlos.
- No apoyarlos en la mesa o ponerlos sobre el mantel mientras se están usando.
- Apoyarlos plenamente en los bordes del plato si se hace una pausa mientras se come.

El niño debe aprender que el cuchillo será utilizado con la mano derecha y el tenedor con la izquierda.

Cuando no se necesite usar el cuchillo, podrá tomar el tenedor con la mano derecha.

Enséñele a no llevar jamás el cuchillo a la boca y a no empuñar ninguno de los cubiertos.

✳

Lo mejor es entrenar al niño poco a poco para que siga a los adultos en el uso adecuado de los cubiertos y otros utensilios presentes en la mesa. En la práctica se trata de que, poco a poco, partiendo de estos consejos generales y bajo la orientación de un adulto, el niño aprenda todo lo que un adulto debe saber al respecto.

Consejos para enseñar al niño a manipular los cubiertos

Lo primero que el niño aprende es cómo llevarse a la boca los alimentos con la mano por sí solo, para ello es aconsejable ir dándole pequeños trozos de pan. Luego el niño tratará de imitar al adulto usando la cuchara, permítaselo y ayúdelo al principio guiando suavemente su mano hasta llevar el alimento a la boca, luego él logrará hacerlo solo.

Durante esta etapa, regálele sus propios cubiertos, que deben tener un tamaño adecuado a su edad. Luego vaya mostrándole cómo manejar el tenedor y finalmente el cuchillo. Siga la misma pauta que con la cuchara: primero el niño lo imitará a usted y usted lo ayudará guiando su mano. Después, poco a poco, él hará todo solo.

Como la buena manipulación de los cubiertos requiere, además de práctica, cierta madurez motriz, realice estos ejercicios con papillas en vez de sopa, y con alimentos sólidos blandos que sean fáciles de cortar y trinchar.

El manejo de los cubiertos

Es necesario prestar bastante atención en este punto puesto que tal como ya se ha señalado hay una sola manera de manejar correctamente los cubiertos y abundantes usos incorrectos que a menudo observamos en público.

❋

Hay que tomar con naturalidad los cubiertos, el cuchillo manipulado con la mano derecha y el tenedor con la izquierda.

❋

El cuchillo se sostiene entre los dedos pulgar y mayor (o medio), cuidando que la punta del mango quede cubierta (mas no envuelta) por la mano y el dedo índice se coloca sobre el mango cerca del lugar donde éste se une con la hoja.

Tengamos en cuenta que no debemos empuñar el cuchillo apoyando el dedo índice sobre el borde de la hoja.

Es erróneo tomar el cuchillo de manera similar a la que usamos cuando sostenemos un lápiz para escribir, es decir, cuando el mango sobresale entre el pulgar y el índice.

*

*

El tenedor se toma con la mano izquierda cuando estamos utilizando el cuchillo o la cuchara con la mano derecha.

*

En cambio, se toma con la mano derecha cuando vamos a emplearlo solo. Esto ocurre cuando la consistencia del alimento es blanda como es el caso del soufflé, las tortillas u otros.

Cuando el tenedor se toma con la mano izquierda, su posición es la misma que la del cuchillo, lo sostenemos con los dedos pulgar, índice y medio en posición similar a la de pinchar. El tenedor debe quedar fijo mientras el cuchillo corta.

❋

En cambio, cuando se usa el tenedor con la mano derecha, se le sostiene igual que si fuera una cuchara, entre los dedos pulgar, índice y medio con el mango sobresaliendo entre los dedos pulgar e índice. Nunca como para pinchar.

❋

El tenedor se lleva a la boca de frente y en ángulo recto.
Al ingerir los alimentos no debemos tocar con los dientes ningún cubierto.

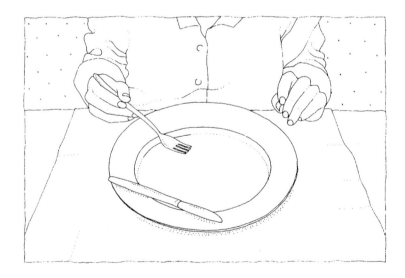

Antes de tomar los cubiertos debemos fijarnos y elegir los que vayamos a usar con cada plato que nos es servido. Pongamos por caso que nos traen un budín o cualquier otro alimento de consistencia blanda, entonces tomaremos el tenedor con la mano derecha y lo usamos solo.

✻

Cuando se sirven carnes frías que parecen blandas para picar y luego nos damos cuenta de que trae otros ingredientes que no podemos cortar fácilmente con el tenedor, no tenemos más remedio que trasladar el tenedor a la mano izquierda y tomar el cuchillo en la derecha para poder cortarlas.

✻

En ocasiones sucede lo contrario a lo anterior, sin darnos cuenta tomamos el cuchillo y el tenedor para después enterarnos de que no hace falta cortar nada. En estos casos, lo indicado es colocar el cuchillo apoyado sobre los bordes del plato. Recordemos que no se debe posar sobre la mesa pues no es correcto.

✻

Al terminar de comer se posan los cubiertos en paralelo hacia el centro del plato, con la idea de que la persona que retira el servicio pueda hacerlo sin tocar los cubiertos usados y sin que corran peligro de caerse. Esta posición de los cubiertos indica que se ha concluido. Si el cuchillo no ha sido usado y está aún en la mesa, se retirará después, no se lleva hasta el plato.

Errores frecuentes
en el manejo de los cubiertos

Tal como hemos señalado anteriormente, es un error cambiar los cubiertos de una mano a otra. Si estamos comiendo por ejemplo un corte de carne lo cortamos con el tenedor en la mano izquierda y el cuchillo en la derecha, luego lo llevamos a la boca con la misma mano izquierda con que sostenemos el tenedor.

NO

Si usted se detiene por un momento mientras está comiendo, jamás deje los cubiertos apoyados en la mesa. Lamentablemente, es éste uno de los errores más observados.

SI

Mientras no use sus cubiertos, deben quedar apoyados enteramente sobre el plato, en los bordes, tal como lo indica la figura.

⁂

Cuando queremos comer un trozo de pan no utilizamos el cuchillo para cortarlo porque el pan se toma siempre con los dedos y se separa un pedacito pequeño para llevarlo a la boca. Mientras hacemos esto, apoyamos los cuchillos sobre los bordes del plato, nunca sobre la mesa.

⁂

No es necesario tomar los cubiertos con vehemencia o movimientos exagerados, basta hacerlo con firmeza y naturalidad. Ni muy alzados los brazos, ni muy bajos tampoco. Se colocan prolongando la línea recta de nuestros brazos.

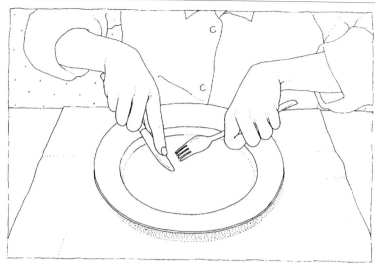

NO

Evite empuñar sus cubiertos como si se tratara de armas para enfrentar al enemigo. Cuide siempre de no apoyar el dedo índice sobre la hoja del cuchillo.

❋

Si precisamos untar el pan de mantequilla lo haremos cada vez sobre el trozo ya separado, no sobre toda la rebanada.

❋

Cuidémonos de no hacer el siguiente gesto: apoyar el codo izquierdo en la mesa, luego tomar un bocado, hablar y continuar otra vez este círculo.

❋

Aunque es bien sabido, reiteraremos que un cuchillo jamás se lleva a la boca y tampoco cubiertos similares a éste como botaneros para el queso por ejemplo.

※

La limpieza de los cubiertos no se hace en la mesa refregando el cuchillo contra el tenedor hasta dejarlo sin resto alguno.

※

Recuerde llevar los cubiertos a la boca y no a la inversa.

Los cubiertos para servir de la fuente al plato pueden tener una forma poco común según el diseño que posean, pero siempre podemos distinguir en ellos su forma esencial de tenedor y cuchara que suele ser más grande que la de los cubiertos comunes.

✻

A veces se emplea también una especie de pala ancha de plata o de porcelana que sirve para los pasteles, el pescado o las tortas.

✻

Para servir alimentos tales como budines o postres de cáscara dura se emplean tres cubiertos: el cuchillo para cortar una ración, luego lo apartamos y tomamos con la mano derecha la cuchara y con la mano izquierda el tenedor para trasladar el alimento al plato.

✻

Cuando terminamos de usarlos, los colocamos de manera tal que la próxima persona en utilizarlos pueda hacerlo cómodamente.

✻

- *Cubiertos de servir*
  - tenedor grande
  - cuchara grande
- *Para servir pescados, pasteles o tortas*
  - pala de plata, porcelana u otros materiales
- *Para servir budín o un postre de cáscara dura*
  - cuchillo, tenedor y cuchara

Cubiertos Grandes

Son los que comúnmente utilizamos para todas las comidas que no son postres ni pescados tales como carnes, verduras, ensaladas y otras.

Cuchara de sopa

Las hay de dos clases:
* grandes y alargadas para la sopa
* más redondeadas y de menor tamaño para el consomé.

La cuchara se sostiene entre los dedos siempre con la mano derecha, al igual que los demás cubiertos no se empuña y recoge las porciones desde el centro del plato hacia el norte del mismo.

✳

Se lleva hasta la boca de costado y no de punta. Su contenido se toma sin producir ruidos, no se aspira.

Cubiertos de pescado

Los cubiertos de pescado son distintos a los de carne, el cuchillo posee la forma de una pala que se hace puntiaguda en su extremo y se deben usar siempre que se sirva este alimento.

※

Al ubicar estos cubiertos sobre la mesa ya sabemos que hay pescado en el menú, aunque a veces venga cubierto con una salsa gratinada y no lo distingamos a primera vista.

※

Para no crear complicaciones, estemos atentos porque, si usamos los cubiertos de carne en lugar de aquéllos, la persona que sirve la mesa deberá llevarse los primeros y reemplazarlos por un par limpio.

※

Cuando surjan dudas, lo más práctico es mantenerse sereno y fijarse en la dueña de la casa para imitarla.

※

La posición para usar los cubiertos de pescado es la misma que para los de la carne.

EL ASEO PERSONAL

Al niño debe inculcársele amor por la limpieza. Esa comodidad y frescura que da la limpieza deben ser parte del bienestar que experimenta el cuerpo al estar aseado. Después del juego y la actividad física nada más conveniente que una buena ducha.

El aseo también encierra otras posibilidades, como el agrado a sí mismo y la idea de salud, derivada de la higiene personal. Además de atender a su cuerpo, el niño debe acostumbrarse a la ropa y los zapatos aseados y a procurar la limpieza de su cabello.

- Enséñele a tener las manos siempre limpias, antes y después de las comidas.
- Lo mismo debe hacer antes y después de salir de casa y al concluir las tareas escolares o cualquier actividad doméstica.
- No debe llevarse el dinero a la boca y debe lavarse las manos después de manipularlo.
- Las uñas de manos y pies deben estar recortadas y limpias.
- Nunca debe comerse las uñas.
- Debe mantener el cabello limpio, lavándolo con frecuencia.
- Debe aprender a secar su cabello frotándolo con una toalla.
- El cabello mojado debe alisarse con peine.

- Debe prestar especial atención al enjabonado de los codos, los pies, el cuello, las entrepiernas, detrás de las orejas y debajo de los brazos.
- Después de cada comida y antes de ir a la cama tiene que practicar la higiene dental.

Es recomendable que se acostumbre a bañarse y cambiarse tan pronto regrese de la calle o la escuela. Llevar en casa ropa distinta a la que use para ir a la calle también es un hábito recomendable, pues ropa limpia y fresca ayuda a relajarse y a descansar.

❀

La higiene dental requiere especial atención de parte de los padres cuando los niños son muy pequeños. Después de los 7 u 8 años se estima que los niños ya son capaces de asear sus dientes correctamente, sin la supervisión del adulto.

En todo caso, para incentivar este hábito, regálele un cepillo atractivo al niño y cepíllese los dientes junto con él. Enséñelo a usar una porción adecuada de pasta dental, cuidando que no sea excesiva. Una vez que hayan aparecido los dientes primarios y que ya se toquen entre sí, hay que enseñarle a usar el hilo dental.

El cuidado de la apariencia

Es importante que el niño aprenda a cuidar y organizar su ropa (ver "La habitación", p. 63), así como a vestirse por sí solo de la manera más coherente posible, tanto con la ocasión como con su edad y sus propias inclinaciones.

Este es un tema más delicado de lo que parece. Por una parte el niño debe aprender a "no andar de cualquier manera". Pero, por otra parte, hay que evitar que interprete el cuidado por la apariencia personal como la fuente de su autoestima o la única vía de aceptación entre los demás.

El niño debe comprender que una apariencia descuidada o inadecuada puede ser un gesto de mala educación: si llegara de visita con la camisa desabrochada incomodaría a sus anfitriones. Y si asistiera en bikini a una boda, además de cometer una imprudencia haría el ridículo.

Comience, entonces, por hacerle ver al niño que su apariencia es importante para que los demás entiendan que están frente a una persona bien educada, cuidadosa y respetuosa de sí misma y de los demás. Pero no sobrevalore el asunto. Simplemente, céntrese en lo más convencional:

- La ropa y los zapatos deben estar siempre limpios y arreglados.
- La cara y las manos, así como las uñas, deben estar igualmente limpias.
- Si hace calor hay que llevar un pañuelo para mantener la cara seca.
- Procurar mantener el pelo bien peinado.

- Vigilar que las costuras de la ropa estén en buen estado.
- Cuidar que los botones estén completos y sean de igual color y tamaño.
- Llevar medias si el tipo de calzado así lo exige.
- Usar, en general, ropa adecuada a su edad, a la ocasión y al clima.
- Evitar cargar los bolsillos repletos de lápices, papeles, dinero o cosas por el estilo.

En general, debe aprender a reconocer cuándo alguna prenda ya está muy gastada, estar atento si a su ropa le faltan botones, si tiene manchas, si se ha raído.

❋

Es importante que el niño tenga y aprenda a utilizar convenientemente sus propios productos de tocador. Esto, además de ser imprescindible para su aseo personal, le enseñará que ciertos efectos personales no pueden ser compartidos con otros, y que su uso y rendimiento dependen estrictamente de él.

Lo más adecuado es destinar para esto un lugar específico de su habitación (ver p. 64) para algunos artículos como talcos, lociones o perfumes.

Inculcar el cuidado por la apariencia también ayuda al sentido de la disciplina y la consideración, pues el niño debe aprender que es responsable por su vestuario y que su ropa y otros efectos personales cuestan buena parte del dinero de sus padres.

❋

El niño debe aprender a lavar su propia ropa interior

Naturalmente, para esto hay que esperar a que esté listo para aprenderlo. Si se le inculca en el momento apropiado, se le muestra pacientemente cómo se hace y se le supervisa las primeras veces, el niño aprenderá una de las rutinas más útiles de su vida.

No hay una edad determinada para esto, son los adultos quienes deben analizar el grado de madurez del niño para asimilar esta tarea, que es preferible no postergar. Quizá el momento más apropiado es el inicio de la puericia, es decir, la edad que media entre la infancia y la adolescencia, desde los 7 hasta los 14 años..

Esta enseñanza responde al sentido del pudor que toda persona debe tener respecto a su propia intimidad. Pudor, cuyo fiel significado, extraído del diccionario, es: *honestidad, modestia, recato*. Lo cual es asunto diferente de "pudibundez", que quiere decir afectación o exageración del pudor. No hay que confundir el pudor con la mojigatería, términos que a veces tienden a confundirse en el habla cotidiana.

❈

El niño debe saber qué hacer con la ropa recién usada

Hemos mencionado lo importante que es crear hábitos en los niños. Estos hábitos deben concebirse como rutinas fáciles de llevar a cabo por los pequeños. Acostumbrarlos desde temprana edad a llevar su ropa recién usada a un determinado lugar les ayuda a establecer un orden, a distinguir lo limpio de lo sucio y a responsabilizarse por sus pertenencias. Este es un gesto fácil de aprender y que beneficia a todos en el hogar, pues crea un sentido de armonía y aprecio por el orden.

Designe en un lugar específico de la casa o de cada habitación un recipiente adecuado para la ropa usada. El lugar puede variar según la disposición interior de la casa, normalmente el recipiente de ropa usada se encuentra próximo a la lavadora, o en la sala de baño.

❈

El niño debe aprender a contribuir con el orden de su hogar aunque tenga niñera o haya empleados que se dediquen al cuidado de la casa.

Hay una sencilla razón para ello y es que gestos como éste contribuyen con la formación de su carácter y su sentido de la dignidad en el trato para con los demás. Si se le inculca que, antes que lo haga el servicio doméstico, él debería haber alistado sus ropas y su cama, por ejemplo, aprenderá que las cuidadoras, los empleados domésticos y en general todos los que puedan ofrecerle un servicio no son sus sirvientes, y que les debe consideración.

LOS OBJETOS PERSONALES

Los niños deben tener sus objetos propios y ser responsables por ellos. Asimismo, deben aprender a respetar las pertenencias de los demás miembros del hogar. La mejor manera de que asimile esta norma es que la perciba como parte del funcionamiento normal de la casa. Los adultos deben observar y compartir con él esta conducta, pues de nada valdría exigir a los niños si los mayores hacen lo contrario. Debe ponerse especial énfasis en que los hermanos mayores respeten los objetos de los menores.

❋

La ropa y los artículos de tocador
Objetos como el cepillo de dientes, el vaso, el peine o cepillo de cabello, toallas de baño, objetos de tocador como perfumes y lociones, su ropa, calzado, son de uso estrictamente personal.

Pueden y deben aprender a compartir otros objetos con sus hermanos, primos y amigos, como sus libros de lectura, juegos electrónicos y juguetes en general.

❋

Compartir para crecer juntos
En muchos casos, compartir puede ser una forma de que el niño aprenda a enseñar a los otros. La comunica-

ción así establecida es importante para el crecimiento espiritual de los pequeños.

Los hermanos mayores, por ejemplo, pueden y deben enseñar a los menores a utilizar cierto tipo de juguetes. Esto contribuye a formar sentimientos de responsabilidad, solidaridad y respeto fundados en el afecto.

❅

Compartir no es abusar

La idea de compartir no significa que se puede disponer a voluntad de las cosas de los otros. Al explicar esto al niño hágale entender lo que significa la palabra abuso.

Enséñelo a cuidar con especial interés los objetos que le presten y a devolverlos cuando se lo soliciten.

También debe aprender que, aunque no se lo reclamen, un objeto ajeno no puede estar con él por mucho tiempo.

Cada vez que necesite un objeto de su hermano u otro familiar, enséñele a pedir permiso para tomarlo y devolverlo en buen estado.

Acostúmbrelo a devolver a su lugar correcto sus propios objetos o los que ha pedido prestados. Si cada cosa tiene un lugar específico, será más fácil inculcar en el niño el sentido del orden.

❅

Los adultos deben respetar los afectos del niño

Así como los adultos pueden y deben mostrar a los menores el valor de los objetos, deben respetar los que para éstos tienen una carga afectiva. No arrase con los juguetes de su hijo simplemente porque son viejos.

Lo más indicado es establecer como rutina un arreglo a fondo del cuarto del niño cada cierto tiempo, contando con su participación. Esta será una ocasión ideal para que, por su propia cuenta, él mismo vaya seleccionando sus objetos y acceda a regalar aquellos que ya no usa. Acostúmbrelo a que, cuando culmine un período escolar, los libros que no pueda usar su hermano menor deben ir a una biblioteca o a un lugar que reciba donaciones de libros infantiles.

✻

Ayudando a superar etapas
La selección y desincorporación de objetos personales tienen un doble valor. Por una parte fomenta la responsabilidad por su entorno inmediato, que es su cuarto, y, por otra, crea conciencia de que a medida que pasa el tiempo va abandonando etapas y entrando a otras, modificando intereses.

✻

Los útiles escolares
Estos merecen un cuidado especial. El niño deberá tener un lugar específico para guardarlos de manera ordenada. Si es posible en su propia habitación y preferiblemente agrupados según su naturaleza, por ejemplo: libros y cuadernos formando un conjunto, y lápices, gomas y reglas, otro. Los libros y cuadernos se manipulan con las manos limpias. No deben ser enrollados como pergaminos. Tampoco hay que doblar las puntas de las hojas.

Enseñe también al niño que debe afilar constantemente la punta del lápiz mientras escribe, renovar la punta del portaminas o limpiar eventualmente el bolígrafo.

Las gomas de borrar deben permanecer limpias; cosa que se consigue frotándola contra un papel limpio. Es recomendable usar gomas diferentes para el lápiz de grafito y para los crayones.

Útiles como plastilina, tinta, goma de pegar o témpera deben estar separados del resto, o cuando menos protegidos por algún estuche especial.

Muchos colegios tienen pautas que regulan la apariencia de libros y cuadernos. En este caso, usted debe informarse bien y vigilar que los niños se atengan a ellas.

La habitación

La habitación es un ambiente sumamente importante para el niño. En ella puede encontrar solaz y ejercer el recogimiento necesario para estar consigo mismo. También es un ámbito propicio para ciertas actividades propias de su edad y para el desarrollo de su individualidad.

La decoración debe conjugar salud y buen gusto

La decoración de la habitación es fundamental, pues debe ser agradable y a la vez estimulante para el pequeño. Los especialistas recomiendan utilizar objetos que ayuden a despertar los sentidos del niño tales como móviles y figuras de colores vivos. Buena ventilación e iluminación son también esenciales.

Todas estas recomendaciones deben orientarse a lograr que el entorno del niño además de sano, sea de buen gusto. Recuerde que ésta será una de sus primeras referencias vitales. Si su cuarto transmite orden, belleza, armonía, limpieza y delicadeza, es probable que él tienda siempre a procurarse estas cosas.

El niño debe responsabilizarse por su habitación

A medida que va creciendo, el niño debe aprender a ser responsable por su habitación. Debe saber cómo darle un mantenimiento permanente y acatar las restricciones que para su uso se establezcan en el hogar. Es recomendable establecer períodos de arreglo y limpieza general de la habitación con participación activa del niño. Así, al tiempo que aprende a valorar y apreciar su entorno inmediato, adquiere conciencia de que con el tiempo va abandonando etapas y entrando a otras, modificando intereses.

Recuerde, entonces, cuán relevante es que el niño tenga voz y voto en el arreglo de su habitación sin que se sienta forzado a deshacerse de ciertos objetos que aún le son queridos. Tal vez él sepa que ya ha dejado atrás cierta etapa pero aún no está listo para desprenderse de ciertas cosas. Jamás le desaparezca un objeto querido sin consultarle. Hay reglas generales para el uso de la habitación:

- Mantenerla siempre limpia y en orden.
- Ordenarla todas las mañanas tendiendo la cama y colocando la ropa interior y de dormir en su lugar y devolviendo a su lugar los efectos de tocador. Lo mismo debe hacer al concluir sus juegos.
- Destinar lugares específicos para ropa y zapatos, útiles escolares, juguetes, equipos electrónicos, libros, discos y otros; y procurar mantenerlos allí.
- En principio hay que enseñar al niño a no dibujar o rayar las paredes.
- Puede destinar para ello una de las paredes, pero aclarando que no debe salirse de ahí.
- Darle a cada pieza del mobiliario el uso indicado evitando el abarrotamiento.
- Mantener cerrados y ordenados closets y gaveteros
- Si es una habitación compartida debe respetar el espacio de su compañero y compartir deberes.
- Airear y asolear la habitación con frecuencia, despejando las ventanas.
- Mantener las luces apagadas mientras no les dé uso y al dormir.
- Cerrar la puerta al salir.
- En la cara de la puerta que da hacia fuera evitar colo-

car afiches o imágenes estridentes que choquen con el ambiente general de la casa.

En la medida en que el niño ordene su habitación y la reconozca como su ámbito personal, adquiere un sentido de pertenencia, se sentirá vinculado a ella hasta percibirla como una prolongación de su propio yo y le será beneficioso para valorar la propia intimidad. También adquirirán criterios de orden y distribución de los espacios.

Cuando los niños comparten la habitación, fomentar el respeto mutuo es fundamental. Hay que vigilar para repartir equitativamente las tareas de mantenimiento del orden y la limpieza.

El hogar es un generador de metáforas. Asesórese para dar autenticidad a su casa. Hay recintos donde el espíritu de lo auténtico flota en el ambiente. Por lo que he podido observar, tal autenticidad no proviene del lujo o el dinero gastado siguiendo las recetas del último grito de la moda en decoración. Creo que el acierto se deriva de la dignidad de los objetos y muebles elegidos y de la armoniosa combinación de los mismos. El orden y la limpieza infunden, a su vez, respeto por estos lugares.

Aunque los niños y adolescentes no deben ser esclavos en su casa, se les debe fomentar respeto, mantenimiento del orden y comprensión de que cada ambiente está concebido para una actividad predominante. Esto será más fácil si se les plantea como una extensión de lo que han aprendido en relación con el cuidado de su cuarto.

Lo esencial es inculcarles la idea de que la casa es mucho más que un espacio físico, mostrándoles que el aspecto de la casa es como un espejo que refleja lo que somos.

Pero el primero en convencerse de ello es usted, ya que lo que usted hace o deja de hacer en su casa genera ecos y ondas que son proyectadas hacia el exterior.

Los niños deben apreciar cuán valiosa es su presencia en la casa, y aprender a contribuir con la creación de un ambiente digno y alegre, en el cual en la medida en que todos observan ciertas reglas de convivencia, va fraguándose el verdadero calor de hogar.

Oriéntelos en este sentido, ayudándose con las siguientes pautas:

- En la casa hay que estar mínimamente presentables. Lo indicado es llevar ropas ligeras pero siempre limpias y en buen estado.
- El niño debe aprender a ser discreto en relación con los asuntos de la casa. Por ejemplo: no debe contar las discusiones entre sus padres, ni hacer comentarios acerca del dinero que se guarda en la casa.
- Crear un ambiente de intimidad y solaz pasa por hablar siempre en un tono moderado, evitando gritarse de un lugar a otro.
- Hay que respetar las horas de siesta. Igualmente hay que respetar el sueño de los mayores, guardando silencio y evitando deambular por toda la casa.
- Mientras haya visitas o se está atendiendo a algún extraño, es de mala educación hacer ruidos o corretear de un lado para otro.
- Los niños deben aprender a recoger la correspondencia, entregarla a los mayores o ponerla en un lugar visible.
- No se debe abrir la puerta a visitas o extraños a menos que así haya sido indicado.
- Si los padres reciben una visita que sólo a ellos interesa, los niños deben retirarse, a menos que se les pida lo contrario.
- Es un gesto de cortesía que los niños de la casa inviten a jugar a los niños que acompañan a las visitas.

Otros aspectos a los que el niño debe estar atento y se refieren al cuidado de la casa:

- Respetar el uso indicado para cada espacio de la casa.
- Mantener en su lugar todos lo muebles y objetos de la casa.

- Colaborar con la limpieza de forma activa o evitando estorbar a quienes la realizan.
- Cumplir con las rutinas domésticas que requieran de su participación.
- No mantener encendidas las luces innecesariamente y evitar el despilfarro de agua.
- Cuidar los muebles y todos los artefactos y evitar darles un uso inadecuado.
- Asegurarse de cerrar correctamente puertas y rejas al salir y al entrar.
- No ensuciar o dañar las áreas verdes de la casa, o las plantas del apartamento.
- No rayar las paredes ni los pisos de la casa.

EL COMPORTAMIENTO CON LAS VISITAS

Cuando haya visitas, es el momento menos apropiado para dar lecciones de buenos modales. Es entonces cuando el niño muestra lo que se le ha transmitido. Si quienes lo educan no han tenido la paciencia y dedicación para enseñarle conductas básicas, no tienen derecho a exigirle públicamente que se comporte de manera diferente a lo acostumbrado.

❋

Cuando los niños aún no han superado su etapa de desarrollo sensorial, necesitan explorar el mundo que les circunda. Los mayores deben permitir que esta curiosidad se sacie, poniendo al alcance de los pequeños juguetes y objetos inofensivos. Al mismo tiempo, con firmeza, desde temprano debe prohibírseles jugar con cosas tan peligrosas como engrapadoras, tijeras, cuchillos u otros. Así, a medida que crece, el niño va aprendiendo a discriminar, a respetar y a saber que no puede tocar todo lo que ve.

❋

Si su niño todavía está en la etapa de desarrollo sensorial, conviene ponderar a quién visitar junto con él y cuánto tiempo va a durar la visita.

❋

Será poco considerado instalarse cómodamente, esperando ser atendidos por unos anfitriones al borde del infarto, mientras sus pequeños hacen de las suyas con todo lo que está a su alcance.

Durante esa visita supervise los movimientos del pequeño, no espere que el estrépito del jarrón chino anuncie el fin del encuentro.

❉

A los niños grandecitos es conveniente prepararlos para que apliquen las reglas del saludo previamente aprendidas en casa (ver p. 28), así como las normas de cortesía en la mesa (ver p. 31). De este modo sabrá saludar a los anfitriones y agradecer con una sonrisa los cumplidos que los adultos suelen prodigar en estas circunstancias.

❉

El niño debe esperar a que le ofrezcan algún refrigerio.

❉

Enséñele que, si tiene sed o está urgido por alguna necesidad, debe decírselo a usted.

❉

Enseñe a los pequeños a tomar con educación el refrigerio que le ofrezcan, sin engullirlo bruscamente, sin hacer ruidos desagradables al sorber las bebidas y sin juguetear con los hielos.

❉

Los niños deben aceptar las sugerencias que les hagan los adultos, ya sea que les ofrezcan entretenerse con algún juego o mirando la televisión.

❋

Visitas entre amigos

A partir de cierta edad, sobre todo en la adolescencia, los niños acostumbran visitarse entre sí. En estos casos, la tranquilidad de los padres siempre dependerá de cuán seriamente hayan tomado la enseñanza de los buenos modales a sus hijos, pero nunca estará de más darles ciertos consejos previos:

- Al llegar a casa de un amigo hay que saludar a los padres u otras personas mayores que estén presentes.
- Si tiene que esperar, debe hacerlo en el lugar que se le indique y no sentarse a menos que se lo pidan.
- En caso de que algún adulto lo acompañe hasta un determinado lugar de la casa, el visitante debe ir siempre al menos un paso detrás del anfitrión.
- Aun cuando goce de suficiente confianza para ir de un lado a otro de la casa, debe pedir permiso para hacerlo.
- Nunca intentará averiguar qué hay detrás de puertas cerradas o en espacios a los que nadie le ha invitado a pasar.
- Deben evitarse las visitas en horarios que puedan resultar molestos para una familia.
- Las visitas no pueden prolongarse a voluntad. Enseñe a su hijo que la gente puede estar incómoda con su presencia y no decírselo "por educación".
- Es de mal gusto convertirse en un "adoptado", instalándose a diario en casa del amigo.
- A menos que se trate de una ocasión especial, como una fiesta o un encuentro para estudiar, no es pon-

derado plantear al anfitrión la posibilidad de pernoctar en su casa.

- Debe evitar las visitas en los días feriados, cuando las familias tienen ocasión de reunirse en su intimidad
- Si la persona a quien se va a visitar no está ni va a regresar de inmediato, hay que retirarse.
- Si al llegar a la casa se encuentra con que hay otra visita, debe esperar a ser presentado y no tomar la iniciativa.

CUANDO LOS MAYORES RECIBEN VISITAS

Los niños adquieren destreza social con la práctica y el momento de recibir visitas es una ocasión ideal para ensayar los buenos modales. No pretenda, sin embargo, que sepan desenvolverse de la mejor manera sin su orientación previa. Repase las normas básicas de buena presencia (p. 45), saludo y despedida (p. 28) así como las generalidades relacionadas con la conversación. Si se trata de una comida, haga lo propio con las normas de cortesía en la mesa.

Sea paciente, la adquisición de modales es un aprendizaje gradual. Felicite al niño por sus aciertos y use un tono afable para repetirle lo que se le haya pasado por alto.

❋

Cuando los mayores reciban visitas, permítales saludar y permanecer algunos minutos en el salón, luego deben retirarse para dar margen a las conversaciones de los adultos.

❋

Conviene ofrecer al niño una breve semblanza del visitante y, en caso de que la persona tenga alguna característica física particular, advertirle para que no haga preguntas indiscretas.

❋

Hay que explicarle también que no debe interrumpir el diálogo de los mayores, y mucho menos desdecirlos.

❈

En la adolescencia hay que ser contundentes y establecer una norma de respeto que les impida poner la música a todo volumen o hacer escándalo junto a sus amigos mientras hay visitas en la casa.

❈

Es un gesto de cortesía que los niños de la casa inviten a jugar a los niños que acompañan a las visitas

❈

En general, los niños socializan entre ellos espontáneamente, si se les deja en libertad, el acercamiento entre el visitante y el visitado se producirá más rápido sin la insistencia de los adultos.

❈

Si los hijos de los anfitriones tienen mascotas y nadie en casa está dispuesto a resguardar a los visitantes de los lengüetazos de sus adorables animales, deberán entender por qué algunas personas se abstienen de visitarlos.

¿Anfitrión o invitado?

De visita en otra casa

Uno de los acontecimientos más importantes para un niño o un joven es el ser invitado por otra familia en calidad de huésped. Es probable que él no lo vea así y de hecho no es conveniente presionarlo exagerando la importancia del asunto. Pero, ya sea que vaya a estar fuera por una noche o una temporada, hay que prepararlo para que se conduzca correctamente. Recuérdele que básicamente los buenos modales sirven para que todos podamos convivir y pasarla bien en un clima de franqueza y respeto. Háblele también de la importancia de que él represente a su familia y pueda mostrar a otros lo bien que se le ha educado en casa.

❄

Lo primero es agradecer la invitación, ya sea por teléfono, correo electrónico o personalmente, según las circunstancias.

❄

Dependiendo de su edad, alistar sus cosas, seleccionar lo que ha de llevarse y hacer su propia maleta, con ayuda y supervisión adulta.

❄

Al ser recibido por sus anfitriones agradecer nuevamente la invitación. "Muchas gracias, estoy muy contento de venir". De igual manera, llegado el momento de su regreso, deberá ser amable al despedirse, siempre expresando agradecimiento y complacencia.

✳

Una vez instalado en la casa que lo acoge, debe atender y seguir las sugerencias de sus anfitriones, accediendo a incorporarse a rutinas o reuniones familiares en las que se le pida participar.

✳

Debe acoplarse al ritmo de los demás, no demorarse demasiado en la ducha, vistiéndose o comiendo. Tampoco puede insistir en ver televisión fuera de los horarios acostumbrados por la familia anfitriona.

✳

Es de rigor que el niño conserve en perfecto orden la habitación que ocupa. Tiene que hacer su cama y mantener la ropa guardada.

✳

Cuando es una estadía corta se supone que el niño viaja con suficiente ropa como para ir guardando la que ya usó. Si no es así, o si se trata de una estadía larga, debe averiguar si hay un recipiente o lugar especial donde dejar la ropa sucia. Dependiendo de su edad, debe ocuparse personalmente de lavarla.

✳

Al momento de dejar la casa, debe preguntar si cambia la ropa de cama. Si no le toca hacerlo, al menos retirarla y dejarla doblada sobre el colchón.

❋

En el baño evitará permanecer más tiempo del necesario. Debe colgar sus toallas húmedas donde se le indique y cuidará de mantener el lavamanos y el inodoro limpios. Si salpica agua fuera de la ducha debe secar el piso. A menos que cuente con un baño para su uso exclusivo. Es conveniente que conserve sus propios objetos de tocador en un estuche apropiado y evite mezclarlos con los de los demás. Tampoco debe tocar ni usar ningún efecto personal que encuentre en el baño. Nunca debe dejar sus prendas personales en el baño.

❋

Un niño educado se ofrecerá de voluntario para ayudar a servir o retirar la mesa. Cuando menos llevará su vaso, plato y cubiertos al lavaplatos y los lavará de ser necesario.

❋

No importa que esté seguro de las destrezas de su hijo en la mesa, recuérdele la importancia de mostrar excelentes modales mientras come.

❋

No hay que olvidar decir: *gracias, por favor, no, gracias,* cada vez que se precise. Hay que dar los *buenos días* y las *buenas noches* cada vez que sea necesario.

❋

Un joven huésped causará muy buena impresión si –además de ser desenvuelto y conducirse correctamente– expresa alegría y buen carácter.

EL NIÑO ANFITRIÓN

Ya sea porque usted quiera corresponder a las gentilezas tenidas para con sus niños, o porque su hijo así se lo pida, en algún momento le corresponderá ser anfitrión de un joven visitante.

❋

Si corresponde compartir la habitación y el baño, debe advertir a su amigo acerca del lugar para guardar sus cosas, el tiempo que debe tomarse para su aseo personal, así como la necesidad de conservar el orden y la limpieza.

También debe ayudarle a entender algunas normas básicas que sean de rigor en su casa. Hablarle de la hora a la que a diario deberán estar alistados para salir, hacer las comidas y en general, si lo hay, el horario para realizar otras actividades.

El niño anfitrión debe aprender a tener actitudes corteses y generosas con su invitado, como compartir los juegos o poner la música que agrada al amigo antes que la suya. Estará atento a las necesidades y solicitudes de su invitado, lo presentará con sus amigos, irá con él a fiestas, lo integrará a sus juegos y pasatiempos.

❋

Es importante que el niño anfitrión guarde su compostura en caso de que su invitado tenga modales rudos. Él está obligado a respetar y hacer valer las normas de su casa, y lo mejor es que no le dé pie al huésped para relajar el orden, sino que antes trate de persuadirlo con su propio ejemplo.

¿CÓMO RESPONDER EL TELÉFONO?

Cuando un niño alcanza edad suficiente para responder el teléfono, debe indicársele que se trata de una responsabilidad, no de un juego. No puede llamar siempre que le venga en gana sin importar la hora o la distancia de la llamada.

Lo conveniente es que cerca del teléfono se encuentre siempre una libretita de notas y un lapicero para que pueda tomar el recado correctamente.

Los adultos deben enseñarle con su ejemplo y sus indicaciones a saludar y despedirse educadamente, evitando los monosílabos:

- Lo básico es preguntar quién llama y con quién desea hablar.
- Al contestar se debe usar un tono de voz agradable y no mostrar fastidio o desinterés por la conversación.
- Si el que llama pregunta por alguien en particular, es de mala educación preguntarle de parte de quién y después decirle que la persona solicitada no está.
- Es mala costumbre respirar sobre la bocina del teléfono o comer mientras se atiende el teléfono, pues la persona lo percibirá del otro lado de la línea.
- Si se marca un número equivocado hay que pedir disculpas. Si es otra persona la que llama a la casa por equivocación, hay que explicárselo cortésmente y despedirse de igual forma.

- El niño debe aprender a no dar información a personas desconocidas.

El siguiente es un diálogo telefónico correcto que puede ensayar con su hijo. Dependiendo de la edad del niño puede variar la extensión y las palabras.

Niño: Aló, buenas tardes.
Otro: ¿Es la casa de la familia Pérez?
Niño: Sí, a su orden ¿con quién desea hablar?
Otro: Con el señor Pérez.
Niño: No está en la casa, ¿de parte de quién?
Otro: Del señor Rojas.
Niño (si sabe escribir y tomar recado): Un momento, por favor, voy a anotarlo.
El niño toma nota y dice: Ya lo anoté, señor, cuando llegue mi papá le aviso.
Otro: Muchas gracias, hijo
Niño: A su orden, señor (en este momento puede colgar).

El mismo diálogo puede servir para ilustrar la forma incorrecta de contestar si se hacen algunas variaciones:

Niño: ¿Quién es?
Otro: ¿Es la familia Pérez?
Niño: Sí, ¿qué quiere?
Otro: Hablar con el señor Pérez.
Niño: ¿De parte de quién?
Otro: Del señor Rojas.
Niño: Él no está, chao...

Si el niño no sabe escribir o tomar recado, enséñele simplemente a poner al teléfono a la persona solicitada o a decir si no está, no espere que haga más que eso. La persona que está llamando comprenderá la situación.

Niños con mascota

Tener una mascota puede servir de entrenamiento para desarrollar responsabilidades en el niño.

Antes que la familia decida tener una, las reglas de juego deben establecerse y cada miembro debe tener sus respectivas tareas asignadas para que el animal viva cuidado y atendido convenientemente. Estas serían:

- Bañarlo
- Llevarlo al veterinario
- Pasearlo
- Asear su entorno

Hay quienes dicen que las mascotas son como la suela de nuestros zapatos: trátelas bien, pero nunca las suba a la cama, ni las siente a la mesa.

La formación integral del niño

La formación que le brindemos a un niño debe ir más allá
de la procura del bienestar y la protección que se merece.
Ayudarlo a cultivar su espíritu
es la mejor manera de guiarlo hacia la madurez

Ningún ser humano es absolutamente coherente, todos tenemos dudas, nos equivocamos, rectificamos y modificamos algunas ideas a lo largo de nuestra vida. Pero es prudente observar la propia conducta para reconocer nuestras inconsistencias y tratar de compensarlas. Me refiero a la tendencia a predicar una cosa y luego hacer lo contrario o, como también se le suele llamar, la doble moral. Es preferible esmerarse en dar buenos ejemplos a los niños antes que sostener y pregonar ideas para luego no ponerlas en práctica. Hay muchos casos que ilustran esta situación.

Uno clásico es el de la mamá de María. Ella trabaja en un órgano tribunalicio y lleva a su hija al colegio todas las mañanas. Muchas veces suele ignorar la luz roja del último semáforo antes del instituto. Un día, cuando la niña le preguntó si podían regañarla en su trabajo por no cumplir la ley, se quedó sin saber qué responder.

※

Conviene prestar atención a lo que se dice y se hace delante de los niños. Si mantenemos un discurso doble, el niño crecerá confundido. Procure correspondencia entre el dicho y el hecho. Los niños sacan conclusiones de lo que oyen y lo que miran.

※

Los niños nos observan, sea cuidadoso con lo que diga delante de ellos. Algunos adultos piensan que los pequeños no prestan atención a lo que dicen los grandes, pero de pronto se sorprenden al escuchar cómo un niño repite textualmente, en el momento más inesperado, algo que habían comentado entre ellos.

✳

Durante la infancia, los padres o los mayores que cuidan a los niños son su modelo, su referencia. Cuando llegan a la adolescencia tienden a sustituir esos modelos humanos por otros que están fuera del ámbito familiar.

✳

La formación que le brindemos a un niño debe ir más allá de la procura del bienestar y la protección que toda persona merece recibir al ser traída al mundo.

✳

Nuestra propia vida nos muestra que el tránsito hacia la madurez no ocurre con el simple pasar del tiempo. Uno de los elementos clave para la formación integral de un niño que avanza hacia la madurez es el conjunto de valores que se le inculquen. Por eso debemos poner lo mejor de nosotros para conducir a los hijos hacia la vida adulta.

LOS VALORES QUE FAVORECEMOS

En algún momento, durante el ejercicio de nuestra responsabilidad formativa, conviene preguntarnos ¿cuáles son los valores que transmitimos?, ¿de qué tipo son?, ¿qué nivel alcanzan esos valores? Una vez aclarado esto, podremos ayudar a nuestros hijos a manejarse en un mundo donde el bienestar material es importante, pero no debe ser el único objetivo de la vida.

El mundo de valores se conforma en el seno de una sociedad y es lo que la mantiene aglutinada. En un sentido amplio pero muy ilustrativo, un valor es aquello que apreciamos en sí mismo y por lo que vale la pena esforzarse hasta conseguirlo. Los griegos creían en la necesidad de crear criterios para jerarquizar correctamente los valores, privilegiando los que eran más esenciales a la realización propia del ser humano.

Elegir y jerarquizar valores

Hoy día se piensa que la jerarquización errónea de los valores puede ser una de las causas del desmembramiento de la sociedad. Nosotros mismos solemos decir que vivimos una inversión de valores de la cual responsabilizamos a los medios masivos de comunicación social, también llamados *mass media*. Creo que a veces los medios tienden a proponer maneras de entretenimiento demasiado hedonistas y fabrican modas y mitos artificiales, pero es ridículo que una persona de hoy se plantee renunciar al contacto con ellos. Antes que echarles la culpa, debemos entender que es nuestra exclusiva responsabilidad la elección de vivir según la moda, o buscar los criterios para orientar y organizar nuestra vida en los ideales que nos ha legado la cultura.

También es cierto que algunas ideas adquieren mayor fuerza que otras, haciéndose predominantes en un determinado momento. Es necesario saber sopesarlas para evitar que ciertos valores utilitarios subordinen los valores espirituales. Veamos un ejemplo de cómo tales ideas pueden marcar una relación padre e hijo, aparentemente ajena a sus influjos:

Marcos tiene nueve años y comenzó a practicar tenis dando muestras de entusiasmo y excelentes cualidades para ese deporte. Todo iba bien hasta que su padre lo presionó de tal modo que empezó a rehuir los entrenamientos. En una conversación con su entrenador el niño explicó que él quería ser astronauta y no tenista cuando fuese grande.

Constantemente el papá afirmaba que su sueño era ver a su hijo millonario a los 24 años de edad, dentro de una cancha de tenis. Entonces, lo que para el niño comenzó siendo una actividad deportiva atrayente, se convirtió en un reto amenazante para el cual no estaba preparado.

Al colocar el afán de dinero por encima de las bondades físicas y mentales de la práctica de un deporte, el padre de Marcos le dio al lucro la máxima jerarquía en su escala de valores y no se dio cuenta de lo inconveniente de forzar a su hijo a comenzar una profesión en plena infancia.

Reflexione acerca de esto y piense cuán importante es tomar conciencia del significado de lo que inculcamos a los niños mientras crecen a nuestro lado.

LOS MODELOS DE PERFECCIÓN CONTEMPORÁNEOS

El ejemplo analizado en la página anterior ilustra cómo algunos modelos de vida se construyen a partir de una valoración exagerada de la riqueza material. Pero no hay por qué pensar que esta tendencia es la que mayor peso tiene. En la sociedad siguen teniendo especial importancia los méritos alcanzados por sabiduría o generosidad, así como los esfuerzos en la investigación científica, el arte, la lucha por la paz y los derechos humanos, o la conservación del planeta.

Es importante que el niño comprenda esto y que aprenda que la actividad humana tiene un valor intrínseco, desde la que parece más sencilla hasta la más complicada. Enséñele a sus hijos que una persona que desempeña una labor honesta y de manera provechosa es valiosa por sí misma.

✳

Analice los contenidos de lo que transmite a los pequeños. Tenga en cuenta que los valores se llevan dentro, no son discursos improvisados, son *convicciones personales* que orientan y marcan el sendero de nuestra vida. Por eso es tan importante esa frase de Piaget que citamos anteriormente.

✳

Los valores primigenios se inculcan al niño en el ámbito familiar. De pequeños solemos admirar a nuestros padres, pues son nuestros modelos más inmediatos. Pero en el mundo existen muchos modelos de vida diferentes a los del hogar. Es común, por ejemplo, que los jovencitos adopten mitos provenientes del mundo del espectáculo o el *jet-set*, como cantantes, actores, actrices o *top-models*. Ello no debe alarmarnos, pues la manera de apreciar a estos ídolos va cambiando con el tránsito hacia la madurez.

✳

Una vez alcanzada la madurez, la persona que ha adquirido ideales de realización y convicciones propias encontrará placer en su propio esfuerzo por mejorar cada día. Aunque sepa que no llegará a la perfección total, tratará siempre de ser mejor ciudadano, mejor padre, mejor madre, mejor amigo, mejor pareja, mejor profesional. Lo más seguro es que, en el fondo, aquellos sermones paternos que alguna vez le parecieron tan fastidiosos sean ahora motivo de inspiración y reflexión. Tenga la certeza de que, dondequiera que estén, sus muchachos sabrán agradecerle que usted haya sido tan firme e insistente durante su educación hogareña.

EL RESPETO Y LA MODESTIA TIENEN PROFUNDA RELACIÓN CON LOS BUENOS MODALES

La ausencia de modestia y del sentido de respeto por el otro es motor de la mala educación. Una persona vanidosa tiende a ser insoportable para quienes la rodean por falta de consideración y su excesiva necesidad. Evítele a sus niños la experiencia de ser un indeseable.

✻

El primer ejemplo de respeto que un menor recibe es el trato que le dan los mayores
Si crece en un ambiente donde los adultos se profesan respeto entre sí, el niño tenderá a conducirse de manera similar con sus semejantes. De igual modo, si crece presenciando disputas violentas y gestos o respuestas bruscas entre los adultos, difícilmente aprenderá lo que es la cortesía.

✻

Afecto y respeto hacen adultos considerados
Si un niño es tratado con afecto y respeto lo más probable es que sea un adulto considerado. Sin embargo, como la perfección humana no existe, los adultos deben evitar compartir *todos* los momentos de su vida con los pequeños, pues no siempre logramos conservar la ecuanimidad.

✻

Los regaños no son para satisfacer al público

No regañe al niño frente a otras personas, no crea que así está logrando enmendarse ante los demás. Puesto que es propio de la condición humana cometer faltas, no le llame la atención a un pequeño en público de manera humillante. Puede lastimarlo dejando huellas que perdurarán hasta su vida adulta. Lo indicado en el momento es hablarle aparte con firmeza pero con un tono moderado, sin alzar la voz. Luego corríjalo en privado y explíquele la inconveniencia de su conducta.

❋

Todos merecen el mismo respeto

Incúlquele al niño respeto por la persona que lo atiende. Evite que el niño vea a los empleados domésticos como a sus sirvientes. Dé el ejemplo evitando gritar o llamar la atención indebidamente al personal encargado de las tareas de la casa.

❋

No aplique una sanción sin dar un consejo

Cuando un niño hace algo incorrecto hay que explicarle por qué es malo lo que hizo e indicarle cómo podría enmendarlo. Luego, de manera razonable, puede imponerle una sanción proporcional a la falla que cometió. Así irá tomando conciencia de los límites que regulan su conducta.

❋

Negar las faltas no corrige los errores

Los padres que se niegan a reconocer las faltas de sus hijos les hacen daño. Aunque sea doloroso aceptar que quien ha crecido bajo nuestra tutela se ha comportado de modo censurable, hay que enfrentar los hechos, aclarar los errores y discutir el asunto con el niño para que encare su responsabilidad.

❋

Es importante el reconocimiento de la autoridad
Infunda respeto por las figuras de autoridad. Si un niño escucha comentarios despectivos sobre su colegio o sus profesores, se sentirá con derecho a desautorizar a su entorno escolar. Esto es diferente a hacer observaciones constructivas sobre aspectos mejorables de la institución.

❋

Hay que tener tacto tanto para cuestionar al niño
como para halagarlo
El extremo opuesto de la humillación en público es la veneración en público.

Un niño o niña que solamente reciben halagos, o a quienes invariablemente se les celebran en público todas sus gracias, pueden desarrollar una actitud egocéntrica ante la vida. Si se le lisonjea sólo por su belleza física, puede convertirse en un narcisista. Y si se le alaba por sus dotes intelectuales, puede llegar a creerse superior. En ambos casos se estará incubando un ser vanidoso.

❋

Sea prudente cuando premie al niño
No se abstenga de mostrar su orgullo al niño cuando éste haya logrado algo realmente elogioso, pero no haga de ello el centro de su relación con él, prolongando las felicitaciones al punto de abrumar al niño y fastidiar a todos con el mismo tema. Prémielo si así lo cree conveniente, pero trate de ser moderado a la hora de escoger la recompensa.

❋

Además de piropearlos de vez en cuando, elogie a sus hijos por las metas alcanzadas, por las iniciativas, por esforzarse, por haberse comportado pacientemente en alguna situación, en fin, por asuntos que tengan que ver con su personalidad. Recuerde que el atractivo físico es perecedero, en cambio el atractivo de la personalidad se fortalece con el tiempo.

Enseñe a sus hijos a pensar en las personas que les rodean

Muchas veces creemos que basta con tener un buen pensamiento para con nuestro prójimo. Los buenos deseos son en verdad valiosos y enriquecen nuestra vida interior, cuando nuestra mente está puesta en una persona por la que sentimos afecto y pensamos en lo que podemos compartir con ella, solemos sentirnos mejor con nosotros mismos. Cultive esta actitud en sus niños y enséñelos a valorarla. Pero, sobre todo, muéstreles que pueden dejar salir esos sentimientos expresándolos en acciones y gestos concretos:

- Cuando un amigo del niño está atravesando una situación delicada, propicie una invitación a su casa para que jueguen o hagan un paseo juntos.
- Cuando en una familia se celebra el nacimiento de un bebé, una graduación, un aniversario, involucre al pequeño en el hecho. Pídale que haga un dibujo o escriba una pequeña nota de felicitación, según sus habilidades.
- Si su maestra o profesor están de cumpleaños o han recibido alguna distinción, y su hijo siente deseos de hacerle algún presente, apoye esa iniciativa.
- Si el niño se siente motivado a participar en actividades de servicio social o de tipo humanitario, converse con él acerca del significado de ayudar al prójimo.

Esta puede ser una gran ocasión para que tome conciencia de la situación de otras personas.
- Si tiene aptitudes de líder es conveniente apoyarlo para que desempeñe funciones de representación colectiva. Pero no debe ser una actividad impuesta y es importante que entienda la responsabilidad que asume ante los demás.

Los trabajos de voluntariado permiten a los jóvenes incrementar su sentido de solidaridad y encarnar nobles ideales.

ENSEÑANDO A NO DISCRIMINAR

En el mundo contemporáneo la tolerancia es esencial para integrarse a la sociedad. Los prejuicios raciales, sociales, religiosos y sexuales son motivo de condena cada vez de modo más unánime y firme en todo el mundo. Aprender a vivir en un mundo así pasa por aprender a respetar y valorar la diversidad de grupos étnicos y manifestaciones culturales que conviven en un mismo tiempo y lugar.

Hágale la vida más fácil a su hijo inculcándole el sentido de la tolerancia

Una persona que no sabe aceptar las diferencias del prójimo siempre será mal vista, encontrará fuerte resistencia en su entorno y recibirá presiones que le harán difícil su socialización.

El sentido de la tolerancia se adquiere en el seno de la familia, al igual que los prejuicios. Si el niño vive en un ambiente de censura y discriminación hacia los otros, aprenderá a prejuzgar a los demás, mientras que si vive en un ambiente tolerante y de diálogo aprenderá a acercarse y aceptar a los demás.

"Los demás" son todas las otras personas con sus creencias

Cuando usted reclama a su hijo que se comporte educadamente, expresamente le está pidiendo que muestre respeto y consideración hacia *los demás*. Tómese unos momentos para explicarle que, cuando hablamos de "los demás", nos referimos a *todas* las personas. Y explíquele también que todas las personas tienen creencias y costumbres propias de las culturas a las que pertenecen.

Donde fueres haz lo que vieres

El joven debe saber que seguir un comportamiento correcto ante culturas, grupos o religiones diferentes, muchas veces depende del simple sentido común. No siempre se está preparado para los acontecimientos de este tipo, pero ser educado puede bastar para actuar adecuadamente. La conseja popular recomienda observar y tratar de seguir la conducta del colectivo. Pero el mismo sentido común indica que también es sensato saber excusarse y retirarse oportunamente.

¿Cómo conducirse con respeto ante otras religiones?

Si alguna vez a su hijo le toca asistir a un evento distinto al de la fe que usted practica, lo ideal es preparar al niño para que se comporte respetuosamente.

En caso de que usted ignore de qué se trata, documéntese junto con su hijo y oriéntelo acerca de los valores y creencias del culto en cuestión. Y si no tiene tiempo o no logra averiguar mucho, no olvide decirle que se deje guiar por los anfitriones. Hágale ver que, en todo caso, nadie lo puede obligar a hacer nada que pueda violentar sus costumbres, enséñele también que asistir y participar no significa convertirse.

Algunas recomendaciones que el niño debe seguir para conducirse en recintos y eventos religiosos:

- Guardar silencio al entrar en lugares sagrados.
- Prestar atención a las indicaciones que se le hagan y seguirlas rigurosamente.
- Respetar las restricciones de acceso.
- Respetar las restricciones de participación en los rituales.

- En caso de que se lo permitan, seguir los pasos del ritual disciplinadamente.
- Ubicarse en un lugar que le permita retirarse muy discretamente si se siente incómodo o cree que no puede seguir el ritual.
- Reservarse cualquier opinión crítica acerca del templo o los ritos para otro momento.
- Ser prudente en el trato cotidiano con fieles de otras religiones, no insistir en preguntas incómodas tales como: ¿pero de verdad no creen en la reencarnación?, ¿por qué?, o cosas por el estilo.

Precauciones similares deben seguirse al entrar en contacto con extranjeros:

- Evitar comentarios o chistes sobre el nombre o el modo de hablar "extraños".
- No remedar la forma de hablar del extranjero.
- Invitar al niño a participar en los juegos y actividades propias del grupo.
- Ofrecerle ayuda para la comprensión del habla y las normas locales.
- Invitarlo a casa, ofrecerle comidas locales sin forzarlo a probarlas.
- Facilitarle la entrada a su círculo de amigos.

Otros consejos: hay muchas maneras de predisponer positivamente al niño para el encuentro con otras culturas. La televisión actual suele presentar programas de divulgación geográfica y cultural; invite a sus hijos a verlos. Tenga en su casa libros, revistas o juegos electrónicos relacionados con viajes, con lugares del mundo y su gente. Hay atlas concebidos especialmente para niños, tanto en forma de libros como de CD, que le facilitan la comprensión de estos temas.

Finalmente, si la suya es de las familias que suelen viajar juntas, aproveche cada ocasión para educar a sus hijo en este sentido. Los viajes ofrecen, además, la oportunidad de poner en práctica todas las enseñanzas previas para relacionarse con el mundo.

La escuela

*La escuela es un ámbito vital para la formación
de ciudadanos, pero es un error esperar a que sea la escuela
la responsable de inculcar buenos modales.*

La escuela es un recinto ideal para divulgar el conocimiento de los derechos y los deberes del niño. En esa labor divulgativa, el maestro tendrá siempre un papel decisivo: él puede y debe ayudar a los futuros adultos a entender y cumplir los deberes para consigo mismo y para con los demás. También es un guía que lo ayudará a desarrollar su capacidad de integrarse en equipos no solamente en los juegos, sino en el estudio y otras formas de relación necesarias para vivir con sus semejantes.

La escuela es, pues, un ámbito vital para la formación de ciudadanos. Sin embargo, no puede sustituir el rol educativo del hogar, y es un error esperar a que sea la escuela la que le dé a los niños los modales que les corresponde enseñar a los padres. Antes bien, los niños deben aprender a comportarse en la escuela al igual que en cualquier lugar público.

Desde pequeño, el niño debe acostumbrarse a ir al colegio con el uniforme y los zapatos presentables.

✻

Es importante que practique gestos amables como ceder el paso a las niñas, a los mayores y a los más pequeños en la escalera o los pasillos.

✻

Si a un compañero de estudios se le cae algo al suelo, es señal de buena educación recogerlo y entregárselo en sus manos, o ayudarlo si son muchas las cosas desparramadas por el piso.

✻

Si se encuentra algo extraviado, debe devolverlo a su dueño. Si no sabe a quién pertenece, debe entrégaselo a su maestro o llevarlo a alguna oficina de la escuela.

✻

La relación y el trato, tanto con el personal administrativo y obrero del colegio como con los maestros, deben ser a la vez cordiales y respetuosos. No debe tutearlos.

En la clase

Hay que procurar entrar a la clase con puntualidad y de manera ordenada y evitar salir intempestivamente, interrumpiendo al profesor y perturbando la concentración de los compañeros.

Si se llega al aula una vez empezada la clase, es prudente esperar a que el profesor haga alguna pausa, saludar y excusarse en voz muy baja antes de entrar y ubicarse en el puesto disponible que esté más cerca.

Si para entrar hay que formar, deben seguirse todas las instrucciones del profesor y esperar a que dé la señal para ingresar al salón.

❊

Al sentarse hay que evitar hacerlo en el borde del asiento y luego arrellanarse en el pupitre como quien está en la playa. Lo más indicado es mantener la espalda recta o ligeramente inclinada hacia atrás.

Tanto los niños como las niñas deben sentarse con las piernas cerradas.

Las manos deben reposar sobre la tabla del pupitre.

Es de muy mal gusto cruzar las piernas sobre el asiento, montar los pies sobre el pupitre o posarlos en el del compañero que está adelante.

❊

Siempre que el maestro o el profesor se dirija a un alumno, éste deberá ponerse de pie y hablar de manera clara, usando la entonación apropiada para ser escuchado por todos. Si un alumno desea intervenir, debe levantar la mano y esperar a que se le conceda la palabra.

Hay que evitar los cuchicheos y murmullos en clase. En todo caso, cualquier comentario o solicitud que quiera dirigírsele a un compañero deberá ser breve y hacerse en voz muy baja.

※

Hay que mantener limpio el salón. Esto incluye tanto piso y paredes como los pupitres y el pizarrón. Los pupitres deben ser tratados con cuidado. Hay que mantenerlos en su lugar y no rayarlos.

EL LENGUAJE EN EL COLEGIO

Cuando una persona habla, expresa su buena o mala educación. En la escuela tiene especial importancia cuidar las formas al hablar y aprender a usar las palabras con propiedad.

Si los niños escuchan permanentemente de los mayores un lenguaje repleto de términos vulgares, harán gala de ello frente a sus maestros y compañeros de colegio. Ayúdelo a enriquecer su lenguaje y usar con propiedad el idioma, acostúmbrelo a la buena conversación y a consultar el diccionario.

Normalmente los expendios de meriendas no tienen el personal suficiente para atender en el breve lapso de recreación a los niños que salen simultáneamente de las aulas para tomar el refrigerio de media mañana. Enseñe a los niños a no abusar de su fuerza o su tamaño en detrimento de los más pequeños. Hágales ver que puede ser más práctico y rápido ayudar a otros a hacer su compra.

❋

Como en toda ocasión, empujar o saltarse la fila son gestos de muy mal gusto.

❋

Al finalizar la merienda, la servilleta y los residuos deben ir directo al cesto de la basura.

JUEGOS ESCOLARES

El juego es el momento de esparcimiento ideal para compartir, fantasear, pasarla bien con los compañeros. También es una ocasión como ninguna para aprender a ganar y a perder.

Lo primero que un niño debe aprender es a no hacer trampa y practicar limpiamente cualquier juego o actividad deportiva.

Debe establecer las reglas en consenso con los otros niños y nunca pretender cambiarlas durante el juego. También debe ser leal con el equipo en que le toque jugar.

❋

En las prácticas, es conveniente desarrollar su sentido de compañerismo motivándolo a prestar su ayuda a quienes puedan requerirla.

Debe evitar ganarse la fama del más grosero o el más peleonero del equipo.

❋

Hay que aprender a apoyar al equipo favorito sin llegar a ser fanático.

Dígale cuáles son conductas típicas de un fanático y pídale que piense si le convienen las consecuencias de comportarse así:

- No admite que su equipo perdió.
- No razona cuando analiza los hechos.
- Insulta a los partidarios de otro equipo sin ninguna explicación.
- Su intolerancia lo hace insoportable y, sobre todo, ¡aburrido!

Dos reglas de oro de la cortesía en el juego:

- Felicitar a los ganadores.
- Jugar limpiamente (cero trampas).

En el transporte escolar

Antes que nada hay que estar puntualmente en el sitio preestablecido para la llegada del transporte. Hacer esperar a otros es falta de educación.

✳

Al subir y al bajar, se debe saludar al conductor y al cuidador.

✳

Todos tienen que colaborar con el cuidado del transporte, evitando el deterioro de los asientos, no arrojando basura en el piso ni rayando la carrocería o las ventanas.

✳

Hay que respetar las medidas de seguridad del pasajero, como bajar por la puerta que no ofrezca peligro y no correr o andar de pie dentro del autobús. También hay que evitar desórdenes o escándalos que distraigan la atención del conductor.

El disco de la vida

El disco de la vida es buen auxiliar para organizar la vida de los niños, sobre todo durante los días escolares. Así se percibe más nítidamente el uso del tiempo y se pueden hacer ajustes y correcciones en función de una mejor distribución y un más útil aprovechamiento.

Utilice esta herramienta como un medio sencillo para trazarle al niño un plan de actividades. Piense bien cuáles son las cosas que su hijo hace a diario y analice cuáles son las más prioritarias y si requieren más o menos tiempo del que se les está dedicando efectivamente. Anote sus observaciones, haga una lista de las actividades más recurrentes y comience a ubicarlas en el disco de la vida.

En el ejemplo de la página siguiente, el sector uno, desde las 21 horas (9:00 pm) hasta las 6 horas, está destinado al sueño. Abarca nueve horas aproximadamente y varía con la edad del niño.

Sesenta por ciento restante del día es para todo tipo de actividades, incluido el ocio, los juegos, las distracciones y el horario escolar. Ello abarca unas 15 horas aproximadamente. El sector específico de estadía en el colegio puede extenderse de las 8 a las 13 o hasta las 15 horas (3:00 pm).

Cuando el niño vuelve a casa debe disponer de un tiempo prudencial para descansar y cumplir con sus rutinas, como aseo personal, deberes escolares u otros. Cada familia es un mundo, por eso quisimos dejar en blanco este segmento para que los adultos organicen en forma particular este disco.

Recomiendo a los mayores que traten de ponderar y balancear el número de horas de las que realmente dispone el niño una vez que ha vuelto del colegio. Así evitarán forzarlo a cumplir sus actividades en una carrera contra el reloj. Lo más apropiado es diseñar un disco para cada día de la semana, variando la naturaleza y cantidad de las tareas a realizar.

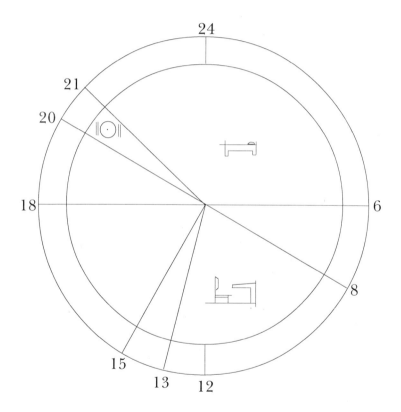

El niño y su ciudad

*Aprender a vivir en una ciudad es una forma de aprender
a vivir en el mundo entero, pues, por diferentes que sean las
culturas, siempre hay un mínimo de valores y convenciones
que son comunes a todas las sociedades*

El encuentro con la ciudad

Salido de su medio familiar, el niño se encuentra con la ciudad. Cada ciudad es única, cada una tiene sus propios símbolos, sus propias tradiciones, sus propias costumbres. Pero en general, aprender a vivir en una ciudad es una forma de aprender a vivir en el mundo entero, pues por diferentes que sean las culturas, siempre hay un mínimo de valores y convenciones que son comunes a todas las sociedades. Arrollar a un transeúnte para abrirse paso, saltarse el lugar en la fila, arrojar desperdicios a la vía pública, hacer ruido en recintos sagrados, destruir una zona verde, son acciones repudiadas en cualquier lugar adonde usted vaya.

Todos estarían de acuerdo con que las personas que cometen actos como los arriba descritos son *gente sin modales,* que equivale a decir *gente falta de urbanidad,* sin importar su procedencia geográfica o el idioma que hable. Así que cultivar en el niño las normas de cortesía es una forma de evitar que sea visto y tratado como un bárbaro al salir a la calle.

❋

Procure ayudar a su hijo a conocer la historia de su ciudad y a reconocer y valorar sus monumentos civiles y naturales por modestos que le parezcan. Así propiciará en él un sentido de pertenencia y afecto que lo motivará a tratar con el debido respeto los espacios públicos.

✻

Visite con el niño ciertos lugares importantes de la ciudad como plazas, mercados, monumentos históricos, museos o cualquier otro tipo de edificio relevante. Adviértale sobre las restricciones que en cada caso deberá observar y repase con él las normas de cortesía que le ha enseñado en casa.

✻

Tan importante como cultivar el afecto por la ciudad es aprender a andar en ella. Hágale conocer al niño por dónde sale y se pone el sol y su vinculación con los puntos cardinales.

Luego muéstrele la relación de ciertos hitos de la ciudad con su vivienda e indíquele algunos puntos de referencia visibles desde la salida misma de su casa para familiarizarlo con su entorno inmediato.

Acostúmbrelo a realizar ciertas diligencias y mandados para que se familiarice también con la dinámica de la calle.

✻

El ejemplo del adulto es determinante para que el niño aprenda a ser un buen peatón y un buen conductor. Enséñele a cruzar la calle por las áreas peatonales señaladas, a respetar las indicaciones del semáforo y a caminar por el lado más protegido de la acera, junto a la pared.

Indíquele el comportamiento correcto en el transporte público, háblele sobre la importancia de colaborar en la conservación de los servicios públicos. Repítale cuantas veces sea necesario las reglas más elementales:

- Poner la basura en su lugar.
- Atender todas las señales y normativas de instituciones y oficinas públicas y privadas.
- Respetar el sentido de circulación de calles y aceras
- No caminar por áreas o zonas prohibidas (como el hombrillo de la autopista).
- Caminar a un ritmo que no perturbe a los otros peatones.
- Esperar y abordar el transporte público en las paradas establecidas.
- Cuidar los monumentos y las áreas verdes.
- No entrar ni salir corriendo de ascensores, escaleras, vagones de metro o autobuses.

❋

Cuando los jóvenes suben al transporte público no deben gritar, empujarse o hacer escándalos innecesarios. Tampoco es adecuado transitar con equipos de música encendidos a todo volumen. Esta es una regla que se aplica en general en todos los espacios de uso público: museos, cines, supermercados, metro, escuela, etc.

Es importante fomentar el amor y el cuidado del niño por el ambiente, y advertirle que éste incluye tanto la naturaleza como la obra del hombre.

❋

Puesto que sus hijos le observan, sea buen ejemplo para ellos desde pequeños. En su ruta hacia el colegio acate las señales y despídalo cariñosamente, sin obstaculizar la vía y la circulación de otros conductores. Vale la pena salir de casa unos minutos antes para que este ritual sea una señal del respeto que usted les guarda a ellos y al resto de los ciudadanos, y no una carrera contra el reloj.

En el cine o el teatro

Siempre hay que respetar la fila para comprar los boletos, no es correcto solicitar a los que están más cerca de la taquilla que nos compren la entrada.

❋

Una vez en la antesala, hay que guardar el orden, evitando juegos y carreras. Suele ocurrir que también en la antesala hay que hacer cola para entrar, ésta es una norma que debe respetarse de manera estricta.

❋

Hay que ser puntuales si alguien nos espera y no ponerlo en la difícil situación de estar "guardando el puesto" en la fila o acaparando asientos dentro de la sala.

❋

Una vez comenzada la función hay que guardar silencio, evitando hablar o susurrar. Es muy molesto para los demás el ruido de los empaques de golosinas, hay que abrirlos con mucho cuidado.

❋

No hay que exagerar comprando demasiadas golosinas.

✻

Los envoltorios de golosinas hay que arrojarlos en los lugares previstos para ello, no a un costado del asiento.

✻

Antes de colocar una goma de mascar bajo el asiento, conviene recordar que es a la persona encargada de la limpieza a quien le toca el trabajo de despegarla.

✻

Cuando hay que pasar delante de personas que están ya sentadas, hay que desplazarse de frente a ellas, no de espaldas.

EN LOS CLUBES Y PLAYAS

Los lugares de esparcimiento, como clubes, parques o playas, son para pasarla bien, divertirse, compartir con la familia y los amigos, nunca hay que olvidar que son lugares públicos y que todas las personas que acuden a ellos merecen respeto.

❄

Cuando se practica un juego de playa, hay que considerar el espacio disponible para evitar algún accidente con pelotas o raquetas.

❄

Dos detalles muy importantes revelan la buena educación de un niño: el cuidado que pone evitando levantar arena cerca del rostro de otra persona y al esquivar las toallas extendidas a su paso.

❄

Es necesario que los niños atiendan las órdenes e instrucciones de los empleados o personas responsables del lugar, y en general de todos los mayores que traten de orientarlos.

❄

Nunca será redundante recordar la obligación de respetar las indicaciones de los carteles de seguridad.

Los juegos pesados que pueden terminar en una situación desagradable, como empujar o lanzar a alguien al agua de manera brusca, deben evitarse.

Al momento de marcharse, el niño debe ayudar a recoger los implementos de playa y revisar sus efectos personales para cerciorarse de que no le falta nada.

Cuando los adultos le comunican que llegó la hora de volver a casa, un niño educado no se molesta o al menos no insiste en quedarse.

Un niño educado cuida su ambiente, evita dejar desperdicios regados y procura ponerlos todos en el recipiente destinado para ello. Dé el ejemplo, ocúpese seriamente de que el lugar que ocupó quede igual o mejor que antes de su visita.

En el centro comercial, las tiendas y los supermercados

Lugares como las tiendas por departamentos, negocios de comida rápida, supermercados y centros comerciales son ámbitos donde se desarrolla una parte importante de la vida cotidiana en la ciudad.

Prepare a los niños antes de ir con ellos a estos lugares advirtiéndoles sobre el tiempo que usted estima pasar allí, así como el tipo de cosas que podrá ver y encontrar. Es bueno que él tenga una idea clara a la cual atenerse.

- En todos los lugares debe seguir las indicaciones de circulación y seguridad en pasillos, ascensores y escaleras.
- Tratar de ir al ritmo de los demás.
- No entrar a ningún local sin permiso de los adultos.
- No jugar en el interior de las tiendas ni desordenar los estantes o anaqueles.
- No tocar los objetos de exhibición.
- Consumir bebidas y licores sólo en las áreas destinadas para ello.
- Tratar de no entretenerse mucho frente a vitrinas y aparadores para evitar tumultos.
- En el supermercado evitarán jugar con los carritos o cambiar productos de lugar.

En el restaurante

Los lugares de comida rápida (*fast-food*), además de prácticos y muy informales, son un alivio para los padres con niños demasiado inquietos. Pero no sustituyen a los restaurantes tradicionales, lugares que las familias siempre terminarán frecuentando, ya sea por su propia iniciativa o por atender a alguna invitación.

Antes de ir al restaurante hable con el niño y explíquele lo que en un lugar así se espera de él. Repase las nociones básicas de cortesía en la mesa, la conversación y el trato con la gente. Inspírele confianza diciéndole cuán seguro está usted de que él sabrá comportarse bien.

- Lo primero es indicarle cómo vestirse según la importancia de la ocasión.
- En el restaurante esperará a que se le indique el lugar que ocupará en la mesa.
- Una vez sentado debe permanecer tranquilo en su puesto.
- Evitará explorar los platos servidos en las mesas de sus vecinos o preguntarles qué están comiendo.
- Estudiará el menú y preguntará todo lo que quiera saber antes de decidirse; es una desconsideración devolver el plato porque no se parece a lo que imaginaba.
- Al dirigirse al mesero deberá decir "por favor", y "gracias" al recibir lo ordenado.
- Al dejar el lugar, ubicar con la vista al mesero y des-

pedirse amablemente de él dándole las gracias. Este es un gesto que será bien recibido y celebrado por todos.

Desde luego que en los sitios de comida rápida las formalidades no son tan rígidas. Lo básico es que el niño entienda que no puede prolongar su estadía allí a su voluntad y que en las áreas de juego, además de restricciones de edad, también hay límites para su comportamiento. No puede, por ejemplo, acaparar un columpio.

Explíquele que es bien visto retirar las bandejas al terminar de comer y colocarlas en los lugares indicados para ello. Y que también en estos lugares, como en todas partes, se impone la norma de esperar el turno de ser atendido y no saltarse la fila.

Los niños y las celebraciones

A las diez se preparó la colación de dulces para el rey,
en la sala del lado de la iglesia de San Juan,
con toda la vajilla de plata de la ciudad,
que estaba custodiada por cuatro arqueros.

Alejandro Dumas
Los tres mosqueteros

LAS CELEBRACIONES

Existen muchos motivos y maneras de celebración, pero en todas las ocasiones debe privar el espíritu festivo, el deseo de sentir y transmitir alegría pero sin perder la sobriedad.

Al planificar una fiesta u otro tipo de celebración, piense de forma primordial en los niños. Aunque asistan algunos adultos, el carácter de la fiesta debe ser esencialmente infantil, no únicamente en lo que se refiere a la decoración o el obsequio, sino en el ambiente que debe reinar allí.

Desde sus primeros acontecimientos sociales los niños deberían ser librados del aturdimiento de los altoparlantes. Recuerde que para los oídos es insano el nivel de decibeles de la ambientación musical que a veces se impone en estas reuniones. Las fiestas infantiles **no** deben amenizarse con el mismo ambiente musical que las de los adultos. Recuerdo haber ido al cumpleaños de la hija de unas personas muy especiales, que tuvieron el buen gusto de invitar a un guitarrista cuyo repertorio de hermosas canciones y juegos infantiles logró la atención y la felicidad de todo el grupo de niños y de algunos adultos curiosos también.

Organice las reuniones de los niños en función de los gustos e intereses de cada edad:

- Preserve el carácter infantil de la celebración.
- No use equipos de música a todo volumen.
- Si decide contratar un espectáculo, asegúrese que sea agradable e inteligente, húyale a la chabacanería.

Siéntase libre para festejar auténticamente, sin imposiciones. No hace faltar gastar una fortuna para que los niños la pasen bien. Al organizar una fiesta a los hijos, también expresamos nuestros valores. Analice su criterio: ¿es usted de los que gastan lo que no tienen sólo para aparentar?, ¿le gusta reunir mucha gente o prefiere reuniones más íntimas con personas verdaderamente amigas?

Las invitaciones

Cuando es algo muy íntimo la invitaciones se pueden hacer telefónicamente.

✳

A los niños pequeños les puede encantar la idea de hacer un dibujo para sus propias tarjetas de invitación, en unas simples y graciosas cartulinas. Naturalmente, con la ayuda de sus padres y cuando se trata de pocos invitados.

✳

El mismo niño puede repartir sus invitaciones a los compañeros de clase en el colegio.

✳

Lo primero que debe hacer el invitado es responder a la invitación para confirmar la asistencia del niño.

El vestir apropiado

Lo primero que un niño debe aprender es que hay una ropa adecuada para cada ocasión y que las prendas de vestir deben estar limpias al momento de colocarse. Si ensucian o manchan la ropa, o si se han concluido actividades como juegos, ejercicios, paseos o excursiones, tiene que asearse y cambiarse.

Los niños, la ropa y la moda

Puede ser que a usted le parezca una frivolidad llevarse por los mandatos de la moda, pero debe tener en cuenta que los modales también se refieren a las usanzas propias de una época. Un niño cuya forma de vestir contraría el estilo general de su generación estará, por así decirlo, fuera de tono.

En pleno siglo XXI, por ejemplo, empeñarse en conseguir un safari y unos zapatos machotes para que su hijo luzca "como un hombrecito" es someterlo al ridículo.

Usted tiene derecho a establecer ciertas restricciones en el vestir de sus hijo, pero debe ser razonable. A fin de cuentas, lo esencial es que cualquiera que sea la moda en boga, su hijo sepa llevar su ropa.

En el día a día las reglas del vestir son más flexibles y se rigen tanto por las convenciones de la mayoría como por la naturaleza de las actividades del niño. Si no es día de escuela y no asiste a la práctica de alguna disciplina o de ningún evento en particular vestirá informalmente, ateniéndose a las normas de buena presencia que vimos cuando hablamos de la apariencia personal (p. 55).

En general lograr la buena apariencia llevando ropa informal es fácil si se siguen algunas pautas:

- La ropa será de la talla adecuada y estará siempre planchada y limpia. La fila de los botones y la del cierre del pantalón deben estar alineadas.
- Si se lleva franela, blusa o camisa por dentro, hay que evitar que una parte sobresalga y quede colgando o formando bolsas.
- Las medias deben hacer pareja, permanecer estiradas y hacer juego con la ropa.
- Las niñas no deben usar zapatos o medias no acordes con su edad.
- Los dobladillos deben estar parejos y caer al menos al nivel de los tobillos, no tan altos como para saltar

charcos, ni tan largos que se arrastren como coletos. En el caso de las niñas esto suele variar según el estilo de la prenda.

Cuando se trata de asistir a eventos, además de las anteriores, hay otras pautas:

- Los niños deben presentarse a las fiestas vestidos según exija la ocasión.
- Si van a asistir a una boda u otra celebración formal, y la invitación así lo exige, deben ir de etiqueta, siempre en tonos oscuros si es de noche. En el día son recomendables tonos claros.
- En fiestas informales lo apropiado es que el niño lleve ropa fresca y cómoda.
- No permita que las niñas pequeñas se pinten las uñas ni usen maquillaje.

Los regalos

Regalar es grato y aún más cuando se lo hace a un pequeño. Emociona observar la curiosidad de su rostro al recibirlo y la alegría cuando descubre el obsequio. Los niños adoran los regalos, pero siempre hay que esmerarse para complacerlo en sus gustos precisos.

No hay mayores secretos para hacer que su hijo se comporte a la altura al momento de entregar o recibir un regalo. Pero estas sugerencias pueden ser de gran ayuda:

- La espontaneidad no está reñida con los buenos modales. Si su hijo es el que regala a otro niño, evite presionarlo haciéndolo ensayar un comportamiento ceremonioso.
- Dependiendo de su edad, usted puede ensayar con su hijo alguna fórmula de cortesía muy breve y sencilla, como: "Feliz cumpleaños, espero que te guste".
- Si son muchos los niños congregados alrededor del

que recibe los regalos, procure hacerle entender a su hijo que no tiene que esperar a que el otro abra el paquete.

- Ayude al niño a deshacer el paquete si nota que a él le resulta muy difícil.
- Enséñele a recibir el regalo cortésmente y a agradecer tanto a su compañerito como a los padres de éste.
- Evite que la recepción o entrega de regalos se convierta en una ceremonia formal.

La sinceridad infantil. Terror de los padres educados

Es norma común que el niño abra el regalo al momento de recibirlo y demuestre su agradecimiento. Pero igualmente común es que un niño exprese abiertamente su desagrado por un obsequio. Por comprensivo que usted sea, debe disculparse con su invitado y al mismo tiempo hacerle ver al niño que ha hecho mal, pero sin darle importancia exagerada al asunto. Ya tendrá ocasión posteriormente para conversar con él al respecto.

Escogiendo el regalo apropiado

A la hora de elegir, privilegie aquellos juegos que estimulen la sensibilidad, el pensamiento y la creatividad de los pequeños, como mecanos, accesorios para pintar, juguetes de madera, ajedrez, libros ilustrados, rompecabezas, juegos interactivos de razonamiento.

El regalo debe ser siempre acorde con la edad del niño y con la ocasión.

Nacimientos: los regalos más apropiados para los recién nacidos son los móviles y sonajeros, así como cucharitas, vasitos o cubiertos de plata.
Si se trata de una familia muy amiga o de parientes, puede pedirle a su hijo que haga un dibujo alusivo al nacimiento del bebé a manera de presente personal.

Sacramentos religiosos (primera comunión, Bar Mitzvah, confirmaciones u otros): los regalos de objetos o prendas con símbolos religiosos son bastante apropiados, pero también pueden elegirse otros, como artículos deportivos, bolígrafos o plumas, CD, ropa.

Los regalos de objetos o prendas con símbolos religiosos son bastante apropiados, pero también pueden emocionar al niño o al joven, con artículos deportivos, bolígrafos o plumas, CD, ropa, u otro.

Cumpleaños: resulta más fácil escoger en estos casos, lo más recomendable es consultar con los padres sobre los gustos, intereses e incluso necesidades del cumpleañero.

Los regalos dicen mucho de usted
En general la misma regla se aplica para ocasiones como graduaciones y cumpleaños.

Tenga siempre en cuenta que un regalo ostentoso es de tan mal gusto como una baratija.

Si usted ha enseñado a su hijo que ciertos juguetes son prohibitivos o inadecuados para él, no lo ponga en situación de regalar un artículo de ese tipo.

El costo, las características y las dimensiones de un regalo deben corresponderse tanto con los medios reales del que regala como con el grado de la relación a la que se honra. Esta es una regla válida tanto para el mundo de los adultos como el de los niños.

FIESTAS DE ADOLESCENTES

Las fiestas en la adolescencia suelen ser bastante informales. Mucha música y mucho volumen, asunto que hay que controlar para poder mirar a los vecinos a la cara al día siguiente.

Programar una fiesta de este tipo pasa por concientizar a su hijo acerca de las responsabilidades que le corresponde asumir ante su casa y ante los vecinos.

Dado que su hijo asume el rol de anfitrión, él debe encargarse de comunicar a los invitados cada una de las condiciones que usted espera sean respetadas y, a la vez, tendrá que estar pendiente de que todos se sientan cómodos y bien atendidos.

Por su parte, usted debe tener siempre presente que sigue siendo el jefe de la casa y no puede considerarse uno más de la fiesta, al mismo nivel de los muchachos.

Como mínimo deben establecerse previamente:

- áreas de la casa que quedan restringidas
- respeto y cuidado de los bienes del hogar
- número máximo de invitados
- horario de la fiesta
- límite máximo de volumen
- hora en que debe bajarse o apagarse la música
- bebidas apropiadas para la ocasión
- conductas inaceptables dentro de los parámetros del hogar.

Es posible que a la fiesta asistan uno o más invitados que no puedan regresar a su casa después de cierta hora. En estos casos, hable con sus padres y determine si deben retirarse a una hora determinada, si lo harán por sus propios medios o si alguien irá a recogerlos. Si usted está dispuesto a alojarlos en su casa a fin de que disfruten plenamente de la celebración, deberá consultarlo y coordinarlo con sus padres.

LOS ADOLESCENTES

Como toda persona, el adolescente se plantea sus propios proyectos de vida y es bueno que usted muestre interés por ellos y le brinde todo su apoyo.

Recuerde que las metas que se trace un joven pueden ser el inicio de su realización como un ser humano valioso para sí y para quienes le rodean en el mundo.

Consejos para acompañar y orientar al joven en su tránsito hacia la madurez

La adolescencia es una etapa enigmática y de apariencia gallarda. No se la puede generalizar porque no es uniforme ni existe una sola manera de ser adolescente. El contexto, la sociedad y el individuo marcan las diferencias en cada caso. Para los padres es algo difícil de sobrellevar, aun cuando muchos saben lo importante que es acompañar a los hijos en este proceso.

Como se sabe, se trata de un período de complejos cambios psíquicos y físicos, marcados por la expectativa de arribar a la independencia personal. Sentimientos como la inseguridad, la ira, la alegría, el miedo, la incomprensión, la tristeza, la euforia o la frustración minan el ánimo de los jóvenes, a quienes se les ve pasar de un estado a otro sin transición aparente.

Todas estas circunstancias hacen inestable su carácter y afectan su sensibilidad. Así que no es extraño que adopten conductas reñidas con los buenos modales.

¿Qué podemos hacer los padres ante estos cambios de actitud?

Volvamos a las primeras enseñanzas para avanzar con él. Lo primero es no olvidar que se trata de una etapa transitoria y que a medida que el adolescente se acerca a la edad adulta tenderá, por sus propios medios, a retomar las enseñanzas básicas como el respeto, la cortesía, la consideración, si éstas le fueron inculcadas en la niñez.

Lo segundo es reforzar esos principios. No tenga reparos en volver a las páginas iniciales de este libro y repasar de vez en cuando junto con su hijo las primeras enseñanzas de los buenos modales. Esto no quiere decir que vuelva a tratar a su hijo como a un niñito; la idea es reforzar en él los hábitos y actitudes esenciales para la vida social.

Comience por recuperar las seis reglas básicas que se enuncian al inicio del libro:

- Escuchar y responder adecuadamente cuando alguien le dirige la palabra.
- Ser considerado en su trato con otros jóvenes.
- Aprender a ser cortés y guardar respeto a los mayores
- Ser amable con las personas que lo cuidan.
- Respetar el espacio y los bienes de los demás.
- Conocer y practicar los modales correctos en la mesa.

Todavía puede agregar otras, más acordes con su edad y con los tiempos en que le toca vivir:

- Respetar las creencias y convicciones de los demás.
- Hacer valer las suyas razonado con los demás, sin violencia.
- Nunca abusar de su superioridad física para someter a otros.
- No dejarse someter por otra persona o grupo.
- Servir de ejemplo a sus hermanos menores, protegerlos y cuidarlos.
- Cultivar el espíritu de colaboración y solidaridad con sus compañeros.

Otras normas básicas tienen que ver con el reconocimiento de personas que encarnan figuras de autoridad:

- Reconocer y respetar figuras de autoridad, tanto familiares: tíos, abuelos, hermanos mayores; como institucionales: funcionarios en servicio, maestros, profesores, policías.
- Igual consideración merecen las personas mayores en general.
- Aprender a escuchar y agradecer los consejos o llamados de atención de los mayores, indistintamente de quien sea la persona que se le dirige.
- No tutear a las personas mayores a menos que éstas así lo pidan.
- Evitar demasiada camaradería o familiaridad en el trato con los mayores, aun con los que pueda tutear.

❋

Tener paciencia y estar alerta

Con los puntos antes expuestos se quiere destacar que a pesar del carácter transitorio de la adolescencia, no puede descuidarse la educación en el hogar, permitiendo que los muchachos se abandonen a sí mismos. Por el contrario, los jóvenes requieren de mucha atención y apoyo, acompañados de paciencia.

Tan importante como darles apoyo es estar alerta. Es necesario documentarse para saber distinguir las conductas típicas de un adolescente de actitudes que podrían sugerir problemas más de fondo. Si usted observa ciertas conductas que parecen ir más allá de la simple falta de modales o la inobservancia de ciertas reglas, debe buscar la orientación de un especialista.

❋

Saber aprovechar la ocasión

Usted tiene a su favor que la adolescencia es una etapa de búsquedas, así que puede ser el momento ideal para que los jovencitos elijan actividades vinculadas con sus aficiones, ya sean de tipo social, como los diversos voluntariados, las artes, los trabajos manuales, la práctica de un deporte o el aprendizaje de un segundo idioma. También puede motivarlos al trabajo, haciéndoles ver los beneficios de poder ganar su propio dinero y disponer de él.

Por último, tenga presente que la adolescencia es un proceso de maduración y que, como en todos los procesos de la vida, no hay fórmulas mágicas. Sin embargo, estas sugerencias pueden servirle de ayuda:

- Al momento de establecer reglas, hágale ver a todos que éstas son las condiciones mínimas para la convivencia en el hogar. Deben ser claras y firmes, pero sin que suenen a prohibiciones. En lugar de decir: "En esta casa no se hace tal cosa", diga cuáles son las tareas de rigor que se deben cumplir en la casa. De esta manera, al enumerar las normas podrá definir las responsabilidades de los distintos miembros de la familia.

- Procure que sus hijos no se abandonen a sí mismos en su tiempo libre. Evite que la televisión absorba su atención durante horas y horas. Enséñelos a encontrar opciones de diversión y entretenimiento gratuito o que requieran de poco dinero.

- Manténgase enterado de los lugares adonde va y a quiénes frecuenta

- Favorezca las visitas de los amigos de sus hijos al hogar. La amistad es un valor muy importante en esta etapa.

- Acostúmbrelos a cumplir un horario de regreso a casa y establezca sanciones en caso de que no lo cumplan. Preste atención al estado en que su hijo regresa a casa. Si nota alguna anomalía converse con él al respecto.

- Ayude a formar el criterio de sus hijos, recomendándoles películas, lecturas, obras de teatro, conciertos y festivales culturales.
- No le dé todo lo que desee sin que lo merezca por méritos propios.
- Esté siempre dispuesto al diálogo con los hijos.
- Antes de descalificar alguna opinión, estimule su razonamiento con preguntas que lo muevan a la reflexión.
- La independencia es importante en esta etapa, pero tiene que aprender a administrarla responsablemente.
- Cultive su confianza sin ser invasivo. Hágale ver que puede acudir a usted para ventilar sus asuntos privados, si así lo desea.
- Aprenda a conducirse con aplomo ante las preguntas o confesiones de su hijo. Recuerde que el adolescente es él y el adulto es usted. Un comentario fuera de tono puede echarlo todo a perder.
- No revise la correspondencia o el diario de sus hijos. Toda persona tiene derecho a la privacidad. Si quiere saber algo busque el diálogo, pero no husmee en sus objetos personales.
- Controle y norme el uso del teléfono.
- No es conveniente ensalzar la juventud por sí misma. El adolescente podría terminar pensando: *si es tan encomiable ser joven, para qué quiero ser adulto*.
- Tampoco es recomendable alabar al extremo los atributos físicos. Una persona interesante es mucho más que una caparazón de belleza y músculos.
- Es aconsejable que los adolescentes puedan confiar en un adulto con criterio que los oriente en cuanto al manejo de su sexualidad.
- La sexualidad debe estar asociada al amor y al respeto de los sentimientos propios y ajenos. Debe ser una decisión responsable y libre que no responda a las

presiones externas. Es importante conversar con los hijos y explicarles la importancia de no apurar los acontecimientos en este sentido.

- Los mayores deben estar atentos a síntomas de trastornos como la anorexia y bulimia. Documéntese sobre el tema y de ser necesario consulte a un profesional especializado.

Como toda persona, el adolescente se plantea sus propios proyectos de vida. Muestre interés por sus planes, discútalos y evalúelos con él en un ambiente de libertad y respeto. Recuerde que un proyecto personal no se reduce a la elección de una carrera, sino a todo aquello que conforma la realización de un ser humano valioso para sí y para quienes le rodean en el mundo.

B5/E1/R1/02

Esta edición se terminó de imprimir en diciembre de 2001. Publicada por **ALFAOMEGA GRUPO EDITOR, S.A. de C.V.** Apartado Postal 73-267, 03311, México, D.F. La impresión se realizó en **IMPRESOS NAUCALPAN, S.A. de C.V.** Calle San Andrés Atoto No. 12, Naucalpan, Edo. de México.